U0152067

文史哲學集成

吳圳義著

清末上海租界社會

文史哲出版社印行

清末上海租界社會 / 吳圳義著. -- 初版 -- 臺
北市：文史哲, 民 103.01 印刷
4，169 頁; 21 公分（文史哲學集成；13）
ISBN 978-957-547-222-1（平裝）

577.381

文史哲學集成 13

清末上海租界社會

著　者：吳　圳　義
出版者：文　史　哲　出　版　社
http:// www.lapen.com.tw
e-mail：lapen@ms74.hinet.net
登記證字號：行政院新聞局版臺業字五三三七號
發行人：彭　正　雄
發行所：文　史　哲　出　版　社
印刷者：文　史　哲　出　版　社
臺北市羅斯福路一段七十二巷四號
郵政劃撥帳號：一六一八〇一七五
電話886-2-23511028・傳真886-2-23965656

實價新臺幣二六〇元

中華民國六十七年（1978）四月初版
中華民國一〇三年（2014）元月 BOD 初版再刷

ISBN 978-957-547-222-1　　00013

前言

上海租界包括公共租界和法租界。根據一八四二年（道光二十二年）的中英南京條約，英國人得於在上海居住和通商。一八四三年十一月，英國首任駐滬領事巴爾福（C. Balfour）抵達任所。不久他就宣布上海開港通商，並與上海道臺宮慕久劃定租界界限，此卽爲上海英租界。

在文惠廉主教（William Jones Boone）的策劃下，美租界事實上已於一八四八年（道光二十八年）存在於蘇州河左岸的虹口一帶。這本是個荒涼的地區，居民甚少。但洪楊亂起後，大批難民的湧入，使其重要性驟增。一八六三年（同治二年）六月，上海道臺與美國駐滬領事正式劃定租界界址。美租界正式存在後不久就與英租界合併，公共租界於焉誕生。

法租界則由於法商向該國請求後，歷經一年的談判，始於一八四九年（道光二十九年）四月六日正式成立。

上海租界的存在有一個世紀之久。雖然社會的演變是繼續不斷的，但在百年的歷史中，有兩件大事使上海租界社會發生了重大的變動。首先是太平天國之亂引起了中國難民湧向租界，華人社會因而產生。其次是中日馬關條約使日本大量地移民到上海，洋人社會的內涵因而大爲改變。一九一〇年以前，英國僑民人數一向高居首位，但是一九一五年的人口調查資料顯示，日本僑民在人數方面却後來居上。

由於馬關條約使洋人在滬獲得建立工廠的權利，上海租界的經濟和社會結構也因此發生重大的改變。此後，工業發展極爲迅速，而逐漸取得與商業並駕齊驅的地位。同時由於新式工廠的建立，吸引了大量鄰近地區的工人來滬，工人階級因而逐漸形成。本書首先探討一九一二年以前上海租界的人口、政治、司法和經濟，以爲研究租界社會之基礎；其次再分別分析洋人和華人的社會結構與社會生活。

本書第一、二、三章，分別在「政大學報」第二十期、「食貨月刊」第五卷第七期、「政大學報」第三十二期刊載過，並獲得六十四年度國家科學委員會之研究獎助，謹此一併致謝。

清末上海租界社會 目錄

第一章 上海租界的人口、政治、司法和經濟

一、人口

上海租界是一個東西方有趣的集合體。政治司法和經濟方面的大權掌握在西方人手中，然而大部份的居民却是東方人。

參考公共租界和法租界官方所發表的人口調查資料，爲瞭解租界內人口分配情形的最佳途徑。自一八六五年起，當洪楊之亂所引起的難民潮逐漸緩和時，租界開始五年一次的人口調查。這些調查的結果散見於領事的報告和租界的兩份報紙：「北華捷報」（North-China Herald）和「中法新彙報」（L'Echo de Chine）。

人口調查的結果是否正確可靠？這是很值得懷疑的。因爲如海員、流浪漢、乞丐等住所不定的人，是完全在人口調查的能力範圍之外。同時華藉居民也故意讓調查的資料失去正確性。法國領事的報告中曾如此寫著：「一八九五年法租界人口調查的總數爲五萬人。這很可能比實際的數目少，因爲華人惟恐加重租稅的負擔，盡可能少報居住同一房屋的人數。」（註一）

上海租界的人口可分爲洋人和華人兩部份。我們先從洋人談起。英國是西方列强中首先强迫中國開埠通商，而且也是最先在上海設立領事館。在我們所研究的這段期間，英國人在人數上永居第一。（註二）

上海開埠的第一年年底，洋人社會只有包括領事館人員在內的二十五位英國人，翌年才出現了一位美商亨利、烏爾考特（Henry C. Wolcott）及數位他國的僑民。（註三）一八四六年秋（道光二十六年），上海已逐漸具備商業大港的雛型。外僑中以英國人佔絕大多數，但也有美國人、丹麥人、葡萄牙人和比利時人。一八四七年，上海有外僑百人左右，其中有八十七位英國人。（註四）根據一八六五年（同治四年）之人口調查，法租界有四六〇位外藉居民，其中十五歲以上的男性有三五九位，女性有七十九位，十五歲以下的兒童有二十二位。如依國藉來分，則有二五九位法國人，六十四位美國人，四十二位德國人，十九位英國人，十六位希臘人，十四位土耳其人，十四位葡萄牙人，十二位荷蘭人，十位奧國人，七位意大利，三位比利時人。公共租界有外藉僑民五、一二九人，其中英國人三、九九六位，美國人四〇七位，德國人二四〇位，丹麥人一三一位，西班牙人一一八位，法國人三十八位。（註五）在五、一二九位外國人中，居民佔二、二九七位，其餘的爲英國士兵和海員。（註六）英國人以其人多勢衆，再加上其商業和軍事方面的力量，自然而然地在租界社會起帶頭作用。

到了一九〇〇年（光緒二十六年），法租界外國人總數增至六二二人，其中法國人二一八名，日本人九十五名，英國人七十一名，葡萄牙人三十五名，德國人三十三名，美國人十三名。（註七）公共租界外國人總數則達六、七七四人，其中英國人二、六九一名，葡萄牙人九七八名，日本人七三六名，美國人五六二名，德國人五二五名。（註八）英國人仍是人數最多，葡萄牙人居次，但是日本人已經多過美國人。

日本人大批湧至上海一事，不但震動整個洋人社會，並且改變其內涵。幾年之後，他們的僑民總數已躍居第二位。一九〇五（光緒三十一年）法租界有洋人八三一名，其中法國人二七四名，英國人一〇九名，日本人七十三名，德國人四十七名，葡萄牙人三十一名，美國人二十一名。（註九）一九一〇年（宣統二年）公共租界有洋人一三、四三六名，其中英國人四、四六五名，日本人三、三六一名，葡萄牙人一、四九五名，美國人九四〇名，德國人八一一名，法國人三三〇名，俄國人三一七名。（註一〇）

日本人於一八六二年（同治元年）方始在上海出現。在當年六月，一艘日本輪船開抵上海，要求通商及蒐集商業、統計和地理等方面的情報資料。（註一一）一八七〇年（同治九年）上海只有七個日本人。（註一二）一八九五年（光緒二十一年）以後，日本僑民的增加情形如下：一八九七年八〇九人，一九〇二年一、八〇一人，（註一三）一九一〇年三、五〇〇人。（註一四）

上海日僑之能迅速增加，仍基於日本的地理位置及其現代化。日本是中國的鄰國，這種地理位置上的優點，使日本能在適當的時機大量地向上海移民。此外，日本自一八六七年（同治六年）十一月明治天皇親政後，即極力推行新政。經過了二十餘年的維新，就迅速地超過了當時因循不振的中國，而成爲遠東第一强國。甲午戰爭，日本獲勝後，簽訂馬關條約，從此日本在中國取得西方列强所享有的一切特權，因而更加速其在上海之移民。

美法兩國之僑民人數不多，但因與英國同是上海租界的三個創始國，這種政治上的優勢，使其僑民在洋人社會中佔着相當重要的地位。

至於外僑性別與年齡區分之問題，雖然我們所得的資料不全，但仍將以此試加分析。在法租界裏，一八七八年（光緒四年）有三〇七位洋人，其中十五歲以上的男性有二二一人，女性有四十二人，十五歲以下的兒童有四十四人。（註一五）一九〇五年（光緒三十一年）有八三一位洋人，其中十五歲以上的男性有四一七人，女性有一四七人，十五歲以下的兒童有二六九人。（註一六）在這二十七年期間，十五歲以上的男性增加一倍，女性增加兩倍半，十五歲以下的兒童增加五倍。在公共租界裏，一八九五年有洋人四、六八四位，其中有二、〇六八位男人，一、二二七位婦女，一、三八九位兒童。自一八七〇年（同治九年）至一八九五年（光緒二十一年）期間，男人只增加百分之六十一，而婦女却增加六倍，兒童增加九倍。（註一七）

婦女和兒童人口的增加，具有相當的社會意義，它顯示着租界的逐漸繁榮和生活的逐漸安適，同時也可解釋社會的改變。一八六八年「北華捷報」的一篇文章說明，由於婦女的出現，使上海愈來愈文明。（註一八）

一八七〇年以前，外藉婦女相當少，直到一九〇〇年，當日本人成爲洋人社會的組成份子之後，方

能達到洋人總數的三分之一。（註一九）

假如與他國婦女比較，法國婦女似乎更爲稀罕。一八七五年（光緒元年），在一百位的法國僑民中，只有九位婦女。（註二〇）一位法國人克拉巴雷德（M. Claparède）甚至還誇張說：「當我在上海停留時，曾接到某太太的舞會請帖。整個上海都擠在她的客廳，那裏我算算總共有二十二位英國、美國或德國的婦女。但却沒有一個法國婦女在場，因爲在上海根本沒有任何法國婦女。到中國去的法國人大部份是光棍，就是已婚的，也寧願將妻子留在法國。」（註二一）克拉巴雷德所說的，也有其眞實性。在領事的報告中，我們知道，一八七四年（同治十三年）在七十四位法國男士中，就有五十九位單身漢。（註二二）一八七六年（光緒二年）在七十四位法國男士中有五十六位單身漢。（註二三）一八七七年在八十一位法國男士中有六十七位單身漢。（註二四）

上海的外國人究竟從事何種職業？由於缺乏一八九五年（光緒二十一年）至一九一一年（宣統三年）之間的有關統計資料，我們只能藉助較早的資料來回答上述問題。一八五五年（咸豐五年）洋人的職業分類情形大致如左：（註二五）

領事官員	十七
男女傳敎士	三二
婦女	四六
醫生	五

商人	二〇〇
金融業	十五
印刷業	六
造船業	九
領港員	二五
其他	二三
總計	三七八

依照上表可知商人在洋人社會中佔絕對多數。上海是個商港，這種情形也是理所當然。可是在法籍僑民中，商人只不過是其中的一小部份。一八七四年（同治十三年）至一八七七年（光緒三年）有關上海法國人職業的領事報告，尚可找到。現以一八七五年的報告爲例。在那年，法國僑民中有一三二位傳教士，二十一位商人，三十七位公務員及二十三位從事其他職業者。（註二六）傳教士的人數之多爲其他職業總數的一倍半以上。

一九〇五年（光緒三十一年）華籍人口差不多爲外籍人口的五十倍。（註二七）當初成立租界的目的在於安置洋人，爲何後來會有如此多的華人定居於租界？

根據一八四五年（道光二十五年）的協定，華人無權在租界內定居。一八五三年（咸豐三年），租界內只有五百位華人，（註二八）某中大部份爲洋人的家僕。當太平軍騷擾上海及其鄰近城市時，大批的華人湧入租界避難。洋商趕緊抓住這個發財的好機會，建造房屋租給這些難民。在洋商的壓力之下，華人終於獲得官方的應允，只要依照下列條件就可在租界內定居：

「任何事先無法拿到蓋有地方官府印信及經英美法領事同意之許可證的華人，皆不得在租界內租賃或建造房屋，任何希望在租界內租賃或建造房屋的華人，必須遵照下列程序辦理。他應要求房屋或土地的所有人書寫一份申請書。如果該所有人爲外國籍，就寫給其本國領事；如果爲華人，則直接寫給地方官府。申請書中應註明住址、年齡、出生地、職業、房屋之藍圖、該房屋之用途、房客的人數和姓名。假如地方官府和領事皆不反對，申請人得獲准在外國租界內居住。」（註二九）華人在租界的居住權就因此而合法化。

一八六三年（同治二年）至一八六四年，法租界有八萬華人，英租界有二十五萬華人。一八六五年初，當難民返鄉潮漸緩時，兩租界各舉行了一次較確實的人口調查。法租界有五五、九二五位華人，其中有一六、五八六位苦力和八七九位洋人所僱之家僕。英租界有五九、六六二位華人，虹口地區的美租界尚有華人一七、四五五位。（註三〇）

一八七〇年（同治九年）公共租界有華人七五、〇四七位，比一八六五年（同治四年）時少些。此種減少的現象是因洪楊亂後大批難民重返家園之故。但是十年後，華籍人口就增至一〇七、八一二人。（註三一）一八九〇年（光緒十六年）有一六九、一二九人；一九〇〇年（光緒二十六年）有三四五、二七六人；一九〇五年（光緒三十一年）有四五二、七一六人；（註三二）一九一〇年（宣統二年）有

四八八、〇〇五人。（註三三）一九〇五年法租界有華人九六、一三二位。（註三四）

華人社會如此龐大，究竟它的成員有那些，亦是一個值得探討的問題。在洋人眼中，那不過是些居民、流浪漢、海員、錢莊業者和苦力。（註三五）依照陳獨秀的分析，租界華人大部份為貧困無知的苦力，此外尚有直接或間接依賴外國資本家的商人，販賣僞藥和彩券的街頭小販，妓女、盜匪和一些專寫男女愛情小說的低級文人，有志的青年學生可說極少。（註三六）陳氏為一激進份子，隨時準備揭發和批評社會的黑暗面。他對上海華人社會的分析還不算離譜。

另一位中國社會學家楊氏（M. C. Yang）曾將通商口岸的華人社會做一般性的分析。他將像上海這種城市的華人分成三大類：「高級華人」和買辦，小商人和小職員，苦力和僕人。（註三七）「高級華人」，換句話說，就是一個西化的新貴族階級，他們可以講一兩種外國語。因曾留學西洋或日本，所以十分熟悉和羨慕西洋或日本的生活方式。同時對外國上司、同事或朋友都極友好。在他們的眼中，西洋或日本的文化比中國文化優越，因此摒棄中國的傳統而極力仿效其外國同僚。

買辦是「高級華人」的敵人。前者在文化和接受外國教育方面不及後者，因此常為後者所輕視。然而，買辦階級却在財富方面取勝。財富就是權力。此外，他們還是那些輕視外國傳教士或文化界人士的外國商人之同僚，所以買辦認為有權輕視做為外國傳教士或文化機構代表的助手之「高級華人」。

社會地位比上述兩種人低的是中產階級的小商人和小職員。他們擁有的財產有限，而且所受的教育不多。

華人社會的底層是苦力、工人和外國人家庭、買辦或「高級華人」家庭的僕人。他們都是貧困而無知。

談到華人年齡與性別分配問題，我們知道的並不多。所能找到的資料僅侷限於法租界。一八七八年（光緒四年）在二七、三三〇位華人中，有十五歲以上的男性一六、二〇三位，女性五、八一〇位，十五歲以下的兒童四、七〇九位，另外尙有六百位替洋人做事。（註三八）婦女只有男人的三分之一。到一九〇五年（光緒三十一年）時，在九六、一五二位華人中，十五歲以上的男性有四三、六九七位，女性有二一、〇二九位，十五歲以下的兒童有一八、五九七位。（註三九）婦女人數已將近男人之半。

在這二十七年期間，婦女與兒童的人數增加得比男人快。因爲一八九五年（光緒二十一年）以後，上海突增許多工廠，對女工和童工的需求也隨之大增。

理論上，華人的出生率應比洋人高，每個華人家庭的兒童數也應比洋人家庭多，至少亦應同樣多。然而統計資料所顯示的，却剛好相反。一九〇五年，法租界有外籍婦女一四七人，兒童二六九人；有華籍婦女二一、〇二九人，兒童一八、五九七人。（註四〇）假定所有的婦女皆已婚，那麼一個外籍婦女平均將有兩個孩子，而一個華籍婦女却只有一個孩子。這樣的結果似乎不合邏輯。因此我們知道，單身的華籍婦女在比例上應比單身的外籍婦女多。

租界華人來自全國各省，但以江蘇、浙江、廣東和安徽等省人數最多。一九一五年（民國四年），公共租界有華人六二〇、四二一人，其中有二三〇、四〇二人來自江蘇，二〇一、二〇六人來自浙江，

四四、八一一人來自廣東，一五、四七一人來自安徽。（註四一）

華人在租界人口中佔絕對多數，而且也付出相當多的稅，可是兩租界的政治和行政權力却由洋人獨攬。

二、工部局與公董局

在洋人中到底是誰掌握眞正的權力？領事、董事或納稅人？華人因何喪失了參預市政的權力？要解答前兩個問題，首先必須瞭解工部局與公董局的演變。工部局與公董局外形相似，但本質却不同。

一八四七年（道光二十七年）成立的「道路和堤防委員會」（Committee of Roads and Jetties）是公共租界第一個行政管理機構。該委員由英領事任命的三位正直的英商組成，其任期一直延至一八五四年（咸豐四年）。在那段期間，英領事掌握着租界的最高權力。他批示納稅人大會和委員會的每一個決議案，並且決定任何有關「土地章程」（Land Regulations）的事件。（註四二）

根據一八五四年的「土地章程」，道路和堤防委員會爲工部局（Municipal Council）所取代。工部局從此成爲公共租界的行政機關。該局的董事由納稅人大會選舉，總董則由董事推選。（註四三）

工部局制定警察和道路管理章程，規定罰款和其他懲罰事宜。但是所有這些章程和規則都須經納稅人大會批准，同時還須經領事和公使的同意，方始有效。只有在這種情形下，有關政府，在透過其派出的代表，才能對納稅人大會或工部局所做有關租界市政的決議案，做相當的控制。（註四四）工部局有如執行機構，納稅人大會則似立法機構。然而，兩者皆受北京和上海外交領事人員的控制。

公共租界顧名思義理應含有「公共」、「國際」的色彩。在居民的成份，的確是如此。但在行政管理方面却不然。根據對工部局和納稅人大會組成份子的分析，可知英國人以其絕對性的優勢，控制了整個租界。

工部局的九位董事中，英國人常居六至七位。「（公共租界）界內納稅外人有選擧權被選擧權。……而名額則別有國籍之規定。英人佔董額之六名，已成絕對之多數。」（註四五）

上海法國領事在一九〇二年（光緒二十八年）的一篇報告中，亦重述這種情況。「公共租界的工部局中，有七位董事爲英國人。他們容許一位德國人和一位美國人在工部局裏，只因不願被人遣責其過分的專權。該局所追求的唯一目標是要使上海變爲一個完全自治的城市，脫離與外國領事團和中國行政當局的法律關係。然後等待時機一成熟，再宣佈該市爲英國人所有。」（註四六）

在納稅人大會中，英國人也是佔絕對多數。一八九九年（光緒二十五年），一位法商在致該國駐北京公使畢勳（M. Pichon）的信中說：「在上海的納稅人大會中，英國人以絕對多數，使他人的反對完全無效。」（註四七）依據公共租界的「土地章程」，享有投票權的洋人以英國籍爲最多。「（一九〇六年）在五、七二八位外籍男子中，一、五九七位有投票權，其中有八八五位英國人，一八二位德國人，一四七位美國人，七十七位日本人，七十五位法國人。」（註四八）既然半數以上的投票者爲英國人，他們就會積極支持工部局，以保持英國人既得之利益。

納稅人大會是選舉工部局董事的機構。何種人有選舉權和被選舉權是個須先說明的問題。除了年齡和性別的限制外，還加上納稅額的限制。所有居住在公共租界的外國人，年付十銀元以上之稅者，就有投票權；年付五十銀元以上之稅者，就有資格被選爲董事。（註四九）一九〇六年（光緒三十二年），在五、七二八位外國人當中（婦女和兒童不包括在內），一、五九七位有選舉權，佔全部的百分之二十八；九六〇位有被選舉權，佔全部的百分之十七。（註五〇）

至於法租界的市政，從一八四九年（道光二十九年）到一八六〇年（咸豐十年），一直掌握在法國領事手中。在最後一年，法國總領事館代理館務的艾棠（Edan）因感到租界發展太快，無法獨自管理租界的公共事務，所以修書請求上海的五位法國商人，以董事身份幫他管理公共工程和徵收市稅。這些商人謝領此項請求，並自認爲是法國領事的代表。（註五一）此一時期，法領事掌握着法租界的一切政治權力。

幾年之後，第一屆公董局被指責踰越權限，侵犯領事的特權而被法國領事解散。此事之發生導致一八六八年（同治七年）「上海法租界章程」（Règlement de la Concession Française de Shanghai）的制訂和公布。

該章程規定「租界公董局由法國領事及八位公董組成。公董中，四位法國人和四位外國人。任期兩年。由年滿二十一歲符合下列三個條件之一的法國人和外國人組成的選舉團選出：

1 在法租界擁有地產；

2.在法租界租賃整棟或部份房屋，而年付租金一千法郎以上；

3.在法租界居住滿三年，並有年收入四千法郎以上的證明。」（註五二）

公共租界和法租界對於選舉權和被選舉權所規定的條件大致相似。在法租界公董局，法國人永遠是佔多數（四位法籍董事再加上法國領事）。爲了保持在公董局中的優勢地位，就應經常有四個法國人擔任董事。這件事常令法國領事深感頭痛，因爲在那人數不多的法國僑民裏，能有競選資格的就更少。

領事報告中常有此類問題出現。一八八〇年（光緒六年）法領事的一篇報告中說：「居住在我轄區內的法國人有七十四位，其中三十八位爲公務員，只有三十六位是從事其他職業。假如我們一方面去掉全部服公職的人員，諸如總領事館和市政府的職員和警察人員，另一方面再除掉那些不符合競選條件或教育程度不夠的人，那麼所能徵召出來競選法籍董事保留名額的法國人只剩下七人，其中三位是現任的董事，三位拒絕被提名，另外一位是剛從法國回來不久，尚未瞭解其意向。」（註五三）

一八八三年（光緒九年）的情況更糟。「幾年來，法租界法國籍居民在人數上所居之劣勢逐漸嚴重。現在已經到了無法找出四位夠資格的法國人，以代替現任公董局的四位法籍董事。外國人的情況恰恰相反，他們隨時可向我們提出許多候選人。」（註五四）

理論上，董事是由納稅人大會選出，而非由法國領事指派。然而，法籍董事之選舉常由領事親自操縱。一九〇〇年（光緒二十六年），法國駐滬總領事伯佐（Bezaure）在一篇向其本國外交部長之報告中洩露此項操縱的事實「愛樂先生（M. Eillot）當時爲「中法新彙報」社長兼發行人在我初抵上海之時，所處的地位十分低微。後經我一再提拔，使他能現居公董局總董之高位。但是他的自滿很快地令所有人無法忍受。他甚至毫不猶疑地對總領事館採取一種我所無法容忍的態度，因此我決定在下次選舉中以替他增加競爭者的方式去排除他。」（註五五）愛樂先生的例子顯示出法國總領事如何除去一位不受歡迎的人物。

法國總領事同時也設法讓自己所屬望的候選人當選。一八八一年一月九日「上海獨立報」（Indé-Pendant de Shanghai）的一篇文章批評這種選舉舞弊時說：「這次公董局選舉，不管是從整體或從細節來看都是無效的，也是非法的。……前天，就像一年前一般，那些最不合法的事實就在漠不關心的狀態下發生。總領事並未親自出場，他只派個領事館的翻譯人員去處理這件事就綽綽有餘，因爲所需的支持事前已在法律之外盡可能的先做好」。（註五六）

談到舞弊的方式，「上海獨立報」繼續說：「選票隨着董事候選人名册，事先就放在信封裏送出，這是第一個非法的事情，因爲這是對投票者的一種壓力。其次，許多人帶着一大堆他人的選票到投票所，這是第二個非法的事情。這些人之中以維爾蒙（Mr. E. G. Vouillemont）居首，他曾交給投票所九十張選票。」（註五七）

以操縱董事選舉，再加上具有控制警察（註五八）及解散公董局之權，使法國總領事成爲法租界權威最大的首領。但他已爲其他更重要的職務而忙碌下堪，所以實際上只能保存着監督之權，而讓公董局去處理租界內一般日常事務。

公董局的職務可分爲三類：

1.討論：這與法國的市府委員會完全一樣；

2.執行：猶如法國的市長；

3.徵稅：猶如一航稅務機關。（註五九）

關於擔任公職方面，法國人有優先權。根據「歐洲人事行政規則」（Réglement administratif du Personnel européen）第一條第二款之規定：「除非法國人，任何人皆不得在法租界市政府服公職。然而在下列情況下，得公董局總董之許可者，可視爲例外：（註六〇）

1.缺乏法國籍的合適人選；

2.爲臨時性的工作。

法國以其總領事、公董局法國籍董事，市府的法國籍職員爲代表，在政治方面控制了整個法租界。

華人參與租界市政管理之問題頗爲複雜。華人佔租界總人口的百分之九十五左右，因此也擔負了租界稅收的最大部份。（註六一）在公共租界內，洋人所付的稅每年不過八十萬兩，而華人却付了一百二十五萬兩，在洋涇浜另一邊的法租界，情況也差不多，如一八九五年洋人房屋稅的總數爲六萬五千兩，而華人房屋稅却爲四十萬五千兩。（註六二）

華人不但在租界的稅收方面貢獻甚大，而且也有不少夠資格的候選人。就如愛斯加拉（Escarra）所說的：「在高級的華人商業界中如銀行家、輪船公司的經理、大商行的老闆等，一定很容易找到聰穎

通達、樂意接受現代觀念的人，去參預租界的行政管理。」（註六三）

在上述情形下，租界之工部局和公董局缺少華人代表一事，從理論上看，是一種不公平的安排。此乃因洋人惟恐失去原享之特權，而將華人排斥於租界行政權力之外。「當西洋人考慮到那時的華籍居民在政治、社會和知識等方面的見解與外國籍居民不同時，他們就會了解——允許華籍居民享有像洋人一般的特權將會帶來許多困難。由於華人在人數上超過洋人甚多，將會使租界變成一個不再是受外國人控制的地方。換言之，租界將不會有現在的發展，上海將再成爲一個只讓洋人居住和通商的中國城市。」（註六四）

華人對於租界行政事務的漠不關心也是其失去租界的行政參預權的原因之一。依照姚公鶴的分析：「當從前英美各界分立之時，市政組織既完全爲自治組織性質，外人實無擯我華人之意。惟彼時大多數華人心理，以閉關謝客爲政治上之原則，人人蓄一胡運不百年之謬想。故於彼方私人及團體間之行動，吾人乃寂然無所動於中。於此可下一斷語曰：「第一時期工部局組織之無與我華人事，一由政治觀念之謬誤，所謂胡運不百年，不屑參預局務之所致也；一由於華人政治觀念之薄弱，蓋不知自治爲何物？預選有何權利，由人民向無參政權所影響也。」（註六五）

從租界成立一直到滿清末年，雖沒有任何華人參加公共租界之工部局和法租界之公董局，但曾有過在公董局內成立華人諮議會的構想。（註六六）

依據一八六八年（同治七年）四月十四日公佈「上海法租界市政組織章程」（Reglement

de l'organisation Municipale de la Concession Française)「假如公董局認爲適當的話，總領事得與（上海）道臺協調，指定一至數位華籍士紳或行會領袖，以諮議的身份參加公董局的會議。」（註六七）然而，在所能找到的資料中，尚未發現有類似的指派。

在一八六九年的「土地章程」中，公共租界的納稅人大會及領事團，遵照一八六四年（同治三年）外交使節團會議所決定的原則，同意讓華人參加工部局。（註六八）可是，外交使節團又改變態度，在英國公使愛爾考克（Sir Rutherford Alcock）的提議下將該條款刪掉。（註六九）

一九〇五年（光緒三十一年），公共租界工部局提議由華籍紳商（官吏除外）組成一個華人諮議會。該項提議贊成者甚少，而終於在一九〇六年（光緒三十二年）的納稅人年會中，爲絕大多數與會者所否決。參加會議的納稅人認爲依據「土地章程」，工部局無權承認所謂華人諮議會的組織，因此拒絕同意工部局所採取有關該提議的行動。」（註七〇）

二十世紀初期，上海之洋人逐漸對華人不友善。這可能因爲中國人民族主義的覺醒令外國人生畏，而導致如此的一個決議案。一九〇五年十二月，工部局在領事團的同意下，採取某些措施，因而引起華人的反外國人運動。工部局的提議，就是在這個運動之後所做的一項亡羊補牢的工作。

在納稅人大會未正式否決之前，工部局的該項提案仍然在華人社會中引起積極的反應。七位有名氣的華商馬上組成一個華人諮議會。七位華商中，有三位是買辦。該會的主席吳少卿是一家德國商洋的買辦，同時也是上海絲業公會會長。（註七一）

三、洋人與華人之司法地位

上海租界的司法問題也是相當複雜。外國人因享有治外法權和地皮購買權，而成為上海社會的特權階級。如要找出這些權利的來源及其影響，官方文件是最好的資料。

中英南京條約第二款，准許有關國家在中國所開放之通商口岸設置領事。這些領事除了商務外，尚負有其他外交上的職權。一八四三年（道光二十三年）中英五口通商章程同意英國人享有治外法權，這種特權在西方國家只保留給外交人員。英國人首先獲得該項權利後，其他國家亦以最惠國待遇為藉口，要求在上海設置領事，管轄其本國國民之所有司法案件。（註七二）

外國人之中當然會有一部份人，其所屬國未在上海設置領事。這些人的處理方式如下：「如果被告為外國人，而其所屬國未在上海設置領事時，將由「同知」（華籍會審官）審理和判決。該項判決須經道臺同意，而道臺則將此事徵詢與中國有條約關係國之領事。」（註七三）

在治外法權的保護下，洋人在刑事案件方面幾乎不受法律的制裁。法國總領事承認：「我們的警察不敢在我們的領域內（法租界）逮捕任何歐洲人，甚至他是個現行犯時亦是如此。」（註七四）

至於民事案件方面，洋人亦受領事的保護。為了保護其本國之利益，領事會做有利其本國國民之判決。法國駐滬總領事拉達（Ratard）認為：「領事裁判是更有彈性和公正。依照我的看法，它是十分適合我國在上海的僑民。他們人數不多，但是所從事的商業活動却很重要。在激烈的商業競爭中，我們

應積極的支持他們，對抗人數衆多資金雄厚的外國敵人，而不能處處加於掣肘。」（註七五）

洋人從某些條約中取得購買地皮之權。一八四四年，中法黃浦條約第二十二款規定：「凡佛蘭西人按照第二款至五口地方居住，無論人數多寡，聽其租賃房屋及行棧貯貨或租地自行建屋建行。佛蘭西人亦一體可以建造禮拜堂、醫人院、周急院、學房、坟地各項。地方官會同領事官酌議佛蘭西人宜居住宜建造之地。」（註七六）為了確定滿清政府承認法國人獨享地皮承租權的地區，法國領事敏體尼（Montigny）和上海道臺麟桂簽署一項協定，並由上海道臺於一八四九年（道光二十九年）四月六日貼出一張公告，宣稱：「……在上述劃定區域內，法國領事除須注意防止其本國國民以暴力壓低租金或價格外，有權視實際需要，批准地皮的永久承租。至於他國臣民如希望在上述區域內承租地皮者，得取得本公告關係國領事之同意。」（註七七）

該項公告顯示，法國領事是惟一能控制法租界地皮買賣的人。

依據一八五八年（咸豐八年）二月十二日天津條約第十二款：「英國民人在各口並各地方，意欲租地蓋屋設立棧房，禮拜堂、醫院、墳墓者，均按民價照給，公平定議，不得互相勒掯。」（註七八）在公共租界的範圍內，沒有限制英、美兩國人民方能購買或承租地皮的條約或協定。任何外國人皆得享同樣的權利。

該項權利對外國人來說，有兩種意義。「地產是歐洲人與當地國之間最有力的聯繫之一。這也是對當地華人的一大影響力。洋人或洋行的地產在華人眼中是一種榮譽和商業信用的保證，因此極易贏得他們的信任。」（註七九）對洋人本身來說，地產使他們在上海的生活穩定，也使他們的商業欣欣向榮。

假如拿華人的司法地位跟洋人一比較，就可知洋人在上海眞猶如天之驕子。與華人關係最密切的司法制度，是會審公廨。

一八四五年（道光二十五年）的「土地章程」，實際上已經將租界之華人置於英國領事的司法管轄下。從一八四二年（道光二十二年）至一八四三年的條約來看，這些事情皆非尋常，可是華官却未對此種侵權行爲提出抗議。（註八〇）

有關華洋之間的混合司法案件，英、美、法三國領事只能各自依照條約裏少數含義不清的條款去處理。一八五六年（咸豐八年）六月十八日中美天津條約第十七——二十四款和二十八款；同年六月二十六日中英天津條約第十三——二十三款和第二十七款；同年六月二十七日的中法天津條約第十一——三十五款和第三十七款，以上各款爲上海會審公廨的條約根據。（註八一）光緒二年的煙臺條約，以摘要的方式重新加以伸明。（註八二）

起初，上海租界並無所謂會審公廨。當三個領事有混合司法案件待處理時，就各自要求道臺派員會同審理。大約在一八六七年（同治六年）左右，三國使節與滿清政府在北京舉行一連串的會議，以求制訂公共租界會審公廨的永久性章程。該項章程於一八六九年（同治八年）公佈並開始實施。（註八三）

會審公廨是處理混合司法案件的法庭。它有下列三種功能：

1審判華人之刑事案件；

2審判原告爲洋人被告爲華人之民事案件；

3審判華人之民事案件。

在前兩種情況，司法案件由同知和相關領事之代表會審。在最後一種情況，司法案件則由同知獨自審判。（註八四）

依照西洋人之觀點，會審公廨創立之目的在於「以中國的法律制度，維持與洋人居住在一起的華人之工作安全。」然而「將我們（西方）的法律應用於他們身上，將是荒謬透頂，而且亦是很多煩惱之源。因此必須創立一個會審公廨，做爲補救之道。」（註八五）

上海的兩個租界是各自獨立的。政治上如此，司法上亦不例外。公共租界的會審公廨是由道臺任命的同知擔任主席。他獨自處理公共租界華人間之民事和商務案件。至於刑事案件，他的權力就極小。當一個案件超過會審官之權力範圍之外時，他就必須將案件轉送至上海縣城法庭審理。

任何以外國人爲原告的案件，同知必須由原告所屬國之領事或其代表出席會審。假如在同一案件關係着許多不同國籍的外國人，每個相關國家可以有一位特別會審官出庭會審。

會審公廨的懲罰是以中國法律爲根據。主要的刑具爲枷和棍，華籍會審官亦有其自己的捕役，去執行公廨的逮捕令。（註八六）

在公共租界內、英、美、德三國自認爲在租界的地位十分重要。因此每週有特定的日子專爲這三國人民的案件開庭審理。其他外國人的司法案件，只能在上述三大強國特定審判日之外的時間處理。

英國人不但在政治方面控制了公共租界，就是在司法方面亦有類似的野心。一九〇二年（光緒二十八年），一個英國委員會利用跟中國從事商務談判的機會，曾欲使該租界的會審公廨盡可能英國化。當時的英國代表麥凱（Sir James Mackay）所進行的談判，似乎是一個除去道臺的影響力和其他强國所享有的治外法權的最好機會。他要將會審公廨制度改爲由工部局所管轄的法院。因此，華籍會審官將不再由上海道臺指派，而直接由滿清皇帝所任命。而且，由工部局任命和支薪的唯一外籍會審官，將管轄所有外國人之司法案件。最後，華籍會審官的捕役將被廢除，而由工部局的巡捕取代其職務。（註八七）

英國人的這項提議雖因遭到法國人的激烈反對而宣告流產，但是他們仍不死心。三年之後的公共租界會審公廨事件就是一個最好的證明。

一九〇五年（光緒三十一年）某日，公共租界的警察局（巡捕房）接到一封宣稱五位婦女帶着十五個小孩來到上海的電報。因此就將這幾個誘拐兒童的婦女逮捕。她們被帶到會審公廨審問時，宣稱這些小孩是買來的，而非拐騙來的，並且有證據可查。華籍會審官命令將她們拘留在公廨的牢獄裏，以候最終的判決。英籍會審官推曼（Twyman）希望將女犯帶到洋人監獄。華籍會審官則極力反對，並命其捕役不惜以武力加以阻止。公廨內隨之發生了一場毆打，最後巡捕房的警察佔優勢而將女犯帶走。（註八八）

這種蔑視華籍會審官權力之事，導致了很嚴重的後果。在此事件後，公共租界的華人舉行一次會議，並發出總罷工的命令。洋人的家僕必須離開其主人，市場不能營業，所有的店舖都得關門。此外尚有一場以苦力為主的暴動。（註八九）

不管英國人在公共租界的勢力如何强大，該租界仍然是國際性的。相反地，法租界却被法國人認為是自己專有的殖民地。上海法國領事說：「在上海法租界，我們的政府具有中國政府當局和西方別强代表所承認的準主權。」（註九〇）

以這種論點為依據，法國人希望法租界處處能獨立於公共租界之外，而另成一個系統，法租界會審公廨之設即為一例。

一九〇五年（光緒三十一年）十一月九日，法國總領事在一篇機密性的報告中說：「上海法租界會審公廨是一個意見最紛芸的機構。這個機構缺乏任何一般性的章程和任何中法兩國間的協定。因此到最近幾年，尚無法整理出令人瞭解該公廨的來源、發展及其成立目的之檔案資料。章程的缺乏使法租界會審公廨只得步公共租界會審公廨之後塵。」（註九一）

法國駐北京公使的報告，證實了法國政府當局希望上海法租界會審公廨獨立的意圖。「自從那個時期（一八六九），兩個會審公廨就平行發展，互不混合。外交部此後一再提示着要維持我司法機構的國家色彩。也就是訓令我們駐上海的領事，不得親自或者派遣代表，以會審官的身份出席公共租界會審公廨。外交部希望避免其他强國援例，為其領事要求以會審官身份出席我們的會審公廨。」（註九二）

法租界會審公廨不但欲獨立於公共租界會審公廨之外，同時也要擺脫中國地方官府的參與。這是向會審公廨華籍會審官或縣城內法官侵權的原因。

法國政府首先排除中國地方官府在法租界逮捕華人之權。依據一八六六年（同治五年）的章程第二款「讓與法國之領土將永遠保持其原來之國籍。雖然它不能被認爲是法國的領土，但是中國地方官府事先未曾獲得法國領事之許可時，將不能在那裏逮捕任何華人，進行任何調查工作或徵稅。法國領事的代表將是惟一能執行合適措施的人。」（註九三）

其次，法國當局侵佔華籍會審官對純粹司法案件的審判權，這是跟公共租界的做法完全不同。在一九〇一年（光緒二十七年）六月六日的領事報告中，拉達說：「在公共租界內，當案件只關係華人時，任何外國會審官皆不參與華籍會審官之審判，這是很合邏輯的，因爲沒有一國有特別的司法權。但是在我們的領域內，情況却完全不同。有關此類訴訟案件，華籍會審官必須會同法籍會審官，通常是總領事館的首席翻譯人員，方能有所行動。這也是十分自然的事，因爲我們享有獨佔的司法權」。（註九四）

事實上，這種獨佔的司法權根本毫無憑證。拉達在同一報告中承認：「我曾在我的檔案裏尋找我們會審公廨的組織章程，以便研究其內容。可是只能找到一份中文的資料，那份資料並未提及在純粹華人案件中，法國會審官得參預華籍會審官之審理。」（註九五）

原則上，刑事案件超出會審公廨會審官之職權範圍之外時，必須將該案件移送至縣城的法庭。但是法國領事却時常採取有利華籍犯人，而損及縣城華官合法審判權之措施。拉達說：「關於法租界會審公廨的職權範圍，我同樣覺得困惑。因爲移送至縣城法庭的案件，時常被判重刑。類似此種案件，如果根據我們的刑法，所判的只不過是很輕的刑罰。現在（一九〇二年六月六日）在我們的監牢裏關着一位過失殺人嫌疑犯，衆人皆知其非故意犯罪。會審公廨要將他移送至縣城法官處，因爲這件案子已非屬公廨的職權範圍。但是我們擔心他將受到極嚴重的懲罰，所以不敢將他移送給知縣。同時因爲憐憫他而將他押在我們的監牢裏。」（註九六）這種以人道爲藉口而對中國司法當局的侵權行爲，對革命份子的活動多少會有所幫助。

至於司法審判過程中對請律師的規定，兩個會審公廨互不相同。在公共租界的會審公廨，無論刑事或民事案件，華人皆可請律師替他們辯護。然而，在法租界的會審公廨，這種律師的請求權，在民事案件方面，只限於債權或債務在一千元以上者。此外，律師還須有法國籍。所以有許多人因得不到律師的幫助，而成爲審判不公的犧牲者。（註九七）

自一八六六年起（同治五年），華官已失去了在法租界逮捕和提審華籍被告之權。在洋涇浜的另一邊，「依照現存的協定，中國的司法權暢行無阻，包括對華人案件訴訟程序的形式和應用之決定權。」（註九八）可是不久之後，在公共租界逮捕華人，亦須經領事團團長的同意。此項演變的原因是頗值得探討的。

公共租界會審公廨成立初期，華籍會審官的捕役可毫無阻碍地拘捕除洋人的雇員外之華人被告。這些捕役由於擔心被告的拒捕，而請求租界巡捕房協助。爲了能獲得巡捕房之協助，他們須跟領事團團長商量。（註九九）在這種情形下，領事團團長之同意逐漸變成必要條件。就像工部局總董所說的：「領事團團長簽署租界內華人逮捕狀之做法，就工部局所知，那決無任何條約根據，只不過是地方性的安排和應上海特殊地位的需要而產生的一種行政制度。」（註一〇〇）這種做法最後被加入一九〇二年（光緒二十八年）公共租界會審公廨章程之修正案。（註一〇一）

在二十世紀初期，會審公廨制受到各方的指責。一九〇三年（光緒二十九年），在「蘇報案」發生之後，伍延芳在針對會審公廨的奏摺中說：「最近幾年來，外籍會審官時常袒護非華籍的當事人，使「會審」一詞成爲空談。現在洋官公開地干預純粹華人案件。如果華人被控犯罪，理應由華官依照個別情形及以往的判例，加以量刑。但是現在外國領事只以本人的見解，而不考慮中國法律及判例，去判決訴訟案件。這種本質不正常的判決日愈增加。因此使租界的華籍商人和居民根本不知受何種法律所統治。」（註一〇二）伍氏的奏摺顯示着滿清政府的不滿。外國人自己亦感覺到，將國家的利益保護權交給領事，往往無法使這種保護做到公正不倚。（註一〇三）

對於中國人的指責，外國政府不會有絲毫的讓步。但是洋人的批評，却使租界的司法制度略有改善。列強漸以職業法官代替領事去處理租界的司法案件。

一九〇七年（光緒三十三年），英美兩國在發現領事和司法兩種職務無法妥協時，就派遣職業法官去協助領事，因此在上海成立一個法庭，專門處理司法事務。（註一〇四）

翌年年底，法國政府也派遣一位原在中南半島服務的資深法官拉卡玆（Lacaze　）擔任上海領事法庭庭長之職。該職位是爲減輕總領事的工作而設的。（註一〇五）

這種司法改革，並非只因領事裁判權所引起的偏見和不公遭到批評，而且尚有其他的因素。首先是這個時期上海人口的急速增加，使司法案件亦隨之大增，領事對此感到難以應付。其次是充分瞭解政治、外交和商業等事務的領事，對於司法案件却不盡然。在這種情形下，任命一位專家來處理司法案件是有必要的。固此領事館的人員就新添了些職業法官。

由於享有治外法權，在上海的外國人比在其本國的同胞更為自由。然而，在上海租界的華人却要受雙重的課稅和干預。

華人繳稅給工部局是「為了保護財產和維持馬路的秩序和整潔」。（註一〇六）此外，他們繳稅給滿清政府，是因為華人在租界居住並未解除其對滿清皇帝所應盡的義務。（註一〇七）

居住在租界內的華人，無法完全擺脫華官的干預。「北華捷報」說：「最近（一八八二年十二月）中國地方官府發佈命令禁止在我們的馬路裝用電燈。這無非是對租界自治的一種奸險的陰謀。……已經裝設電燈的那些膽小的華人，趕快通知電力公司將其電燈設備拆走。」（註一〇八）中國官府的威望，依然足夠懾服租界內的華人。

四、經濟

到滿清末年時，上海已經是個工商業大城，工商活動相當頻繁。最初，上海開港只為通商，後來成為一個工業中心。對此，首應探討其原因，然後再研究其發展之情形。

上海具有兩種有利工業發展的因素：上海是內陸廣大市場的集散中心；同時擁有用之不竭的廉價勞力。自從上海開港後，所堆積的外國棉織品，年年增加。到一八九〇年（光緒十六年），其價值高達銀三千萬兩。（註一〇九）這些棉織品大部份是分散到長江流域的市場。上海就如此變成該流域的一個大集散地。此外，外國工業產品的大量侵入，導致紡織手工業的破產。失業的手工業工人，轉為勞力的一個重要來源。

一八四三年（道光二十三年）至一八九五年（光緒二十一年）期間，商品的輸入和工業原料的搜括為洋商的主要活動。然而，上海已經有外國資本的現代工業，如造船業和加工業。（註一一〇）這些外國企業，不是利用華商之名，就是假借與華商合資。因為洋人此時尚無權在中國設立工廠。

依據馬關條約，日本人首先享有該項特權。西方列强群起仿效。因此在十九世紀最後幾年，外國工廠猶如雨後春筍般出現於上海。楊樹浦及其近鄰成為一大工業區。

上海的工業通常是屬於輕工業如絲廠、紗廠和火柴工廠等。這些工廠需要較多的勞力，但所需的資金和設備却較少。在一八九六年（光緒二十二年），上海有中、外絲廠共二十七個，（註一一一）一九〇一年（光緒二十七年）有二十八個，一九〇七年（光緒三十三年）有三十個左右。（註一一二）

一八九七年（光緒二十三年）初，上海有二十六個紗廠。然而在那年底只存十五個，其中八個為洋人所擁有，五個為華洋商合資經營。（註一一三）在辛亥革命前夕，紗廠的數目增至五十九個，其中二十三個屬華商所有，三十二個屬日商，四個屬英商。（註一一四）在紡紗方面，日本人的勢力最為强大。

在上海開港之後，洋商就設立一些工廠，然而紗廠的存在是一八九五年（光緒二十一年）以後的事。

英國在上海最大一家商行，怡和洋行（Jardine Mathson & Co.）於一八五九年（咸豐九年）設立第一家絲廠，但因時機不當而失敗。二十年後，美商旗昌洋行（Russell & Co.）以五十台紡機連續試驗三年。接着於一八八一年（光緒七年）成立一個擁有兩百台紡機的「旗昌絲廠」。怡和洋行、公平洋行（Iveson & Co.）和公和洋行（Gilmour）也相繼設立絲廠。（註一一五）在中日甲午戰爭前夕，上海有外國絲廠七家，資本總額達五百萬元。（註一一六）僱有六千華籍工人。（註一一七）這是繅絲工業最發達的時期。隨後，它就逐漸不如棉紡織工業。

馬關條約簽訂後不久，洋商馬上開始紗廠的建廠工作。一八九七年（光緒二十三年），上海已經有五家紗廠：怡和紗廠，老公茂紗廠，瑞記紗廠、「國際紗廠」（International Cotton Manufacturing Co.）以及協隆紗廠，前面四家紗廠的資金總額達四、二一五、八〇〇兩。其規模之大非華廠所能比擬。（註一一八）

日本人雖然首先取得在華的工廠設立權，但却遲至二十世紀初方始設立紗廠。如與西方列強相比，他們是起步較晚。日商三井洋行於一九〇二年（光緒二十八年）先購買華商興泰紗廠，然後於一九〇六年（光緒三十二年）再購買大純紗廠。一九〇八年（光緒三十四年）兩廠合併為「上海棉紡株式會

社」。此外，日商尚有內外棉株式會社和日信紗廠。（註一一九）

英商造船廠——耶松有限公司（Shanghai Dock and Engineering Co. Ltd.）是二十世紀初上海最大的外國企業。這是耶松船廠（Farnham & Co.）和祥生船廠（Boyed & Co.）合併而成。一九〇〇年（光緒二十六年）兩廠合併時的資本額達五百五十萬兩，共有工人四千多位。（註一二〇）

煙草工業成立較晚。一九〇二年（光緒二十八年）英美煙公司（British-American Tadaco Co.）成立。翌年在上海設立第一家工廠。最初公司的利潤不豐，在浦東的小工廠只有工人百餘位。一九〇七年（光緒三十三年）以後，業務蒸蒸日上。另一外國人經營的「東亞煙草會社」則成立於一九〇六年（光緒三十二年）。（註一二一）

外國人在上海經營的企業，除上述幾種外，尚有化學工業、食品工業、印刷工業等等。（註一二二）

眼見這些外國工廠利潤甚豐，華商也就毫不遲疑地建廠與之競爭。差不多跟旗昌絲廠之設立同一期，黃佐卿開辦了第一家華商絲廠——「公和永」。（註一二三）到甲午戰爭前夕，又陸續出現五家絲廠。（註一二四）自一八九五年（光緒二十一年）至一九一一年（宣統三年），華商又增設二十餘家絲廠。（註一二五）在數目上，華廠遠超過洋廠。但是前者的規模僅及後者的一半。（註一二六）

一九一一年時，華廠非常不景氣。依據海關的報告，其主因爲課稅繁重，洋商競爭和工資高昂。（註一二七）從中國北方運來的蠶繭要被課重稅，而且上海及其鄰近地區之工資日昴，使華商絲廠的利潤大爲減少。華廠常以土法繅絲，而日廠却採用最新的科學方法。因此華廠根本無法和日廠競爭。

華人所辦的紗廠比洋人所辦的略早。一八九〇年（光緒二十六年）首家華廠「上海織布局」開始生產。該廠之設立是一八七八年（光緒四年）由彭後補道倡議而受李鴻章之贊助。鄭觀應、龔壽圖、龔彝圖相繼任總辦。該局創立的目的在於抵制洋貨。一八九三年（光緒十九年）廠房爲火災所毀。但是該局巨額的利潤鼓勵李鴻章重新建廠。在那年冬天，他召津海關道盛宣懷來滬與上海道台聶緝槼，共同負責建廠事宜。一八九四年工程完峻，旋被命名爲「華盛織布總局」。（註一二八）

上海織布局開工後的第二年，上海道台唐松岩創辦華新紗廠。在開辦後的最初兩、三年，上海織布局和華新兩廠均能獲極高的利潤。一八九三年上海織布局的利潤高達百分之二十五。這種現象自然而然地會吸引資本家向棉紡織工業投資。（註一二九）因此，裕源紗廠於一八九四年，裕晉紗廠於一八九五年（光緒二十一年）陸續設立。

馬關條約簽訂以後，中國人所經營的棉紡織工業逐漸衰微。一八九五年至一九一〇年（宣統二年）期間，上海只新增五家華廠——裕通、同昌、振華、九成和公益，其中有兩紗廠不久就歸外國人。（註一三〇）

這種衰微的現象乃基於下列三個原因：

1滿清政府「官督商辦」的政策——華人所辦的紗廠須受滿清政府所任命的官吏之監督。一八九九年（光緒二十五年）三月十七日盛宣懷致劉坤一的信中說：「上海祇有華盛、華新、大純、裕源、裕晉五紗廠，皆係商本商辦。十九年（一八九三年）李中堂奏明由宣懷督其成。」（註一三一）「官督商辦」使華官有權爲公司募集股份，然而他們却不爲此負起責任。正如鄭觀應的批評：「蓋中國公司集股時，官則代爲招徠。股散時，官則置之不理。是以視爲畏途，無敢再與股份者。」（註一三二）

2.外國紗廠的競爭——外國紗廠的資本比華座雄厚得多。例如老公茂、怡和、國際和瑞記等四家外國紗廠的資本總額達四、二二五、八〇〇兩（合五・八九六・二四四元）。而裕晉、大純、裕通和同昌等四家華廠的資本總額只有一、三七〇、〇〇〇元。（註一三三）一八九五年（光緒二十一年）後，楊樹浦一帶工廠林立。誠如盛宣懷所說：「現今楊樹浦一帶洋廠林立，華廠獨受其擠，月須虧折數千金，斷難久支。」（註一三四）在工業競爭中，華廠由於資本單薄，往往處於劣勢。「花價因爭買而益漲，工價因爭僱而益昂。在上海華洋商廠皆聚於楊樹浦一隅，互相傾軋，無不虧本。而華商魄力太微，與洋廠馳逐於咫尺之地，不待智者而策其必敗矣。」（註一三六）

3.土貨課稅太重——某海關主管曾談及中國的棉織品無法跟日本的棉織品競爭。因爲根據一八五八年（咸豐八年）的條約，土貨須課百分之五的稅。然而根據一九〇五年（光緒三十一年）新條訂的關稅稅率，日貨被課的稅少於百分之五。因此華商企業毫無生存餘地。（註一三六）

上海華商的機械工業相當重要。在十餘家機器製造廠中，規模最大的是「上海求新機器輪船製造廠」。該廠由朱志堯以六九九、〇〇〇元的資本創辦的。（註一三七）

簡照南兄弟創辦的「南洋兄弟煙草公司」擁有五個工廠，其中上海廠最大，僱有工人七千五百位。（

註一三八）此外尚有一家小煙草工廠。（註一三九）

除上述幾種工業外，華商在上海尚有許許多多的食品工業、化學和其他工業。（註一四〇）

金融機構亦爲經濟活動的重要一環。上海有三種重要的金融機構——外國銀行，中國銀行和錢莊。二十世紀初期，上海有十餘家外國銀行，其中英商擁有五家——有利銀行（Chartered Mercantile Bank of India, London and China），麥加利銀行（Chartered Bank of India, Australia and China），滙豐銀行（Hongkong and Shanghai Banking Corporation），惠通銀行（The Trust and Loan Company of China, Japan and the Straits Ltd.）和中華滙理銀行（National Bank of China）。因此，英商在金融方面控制整個上海租界。

除英國人所辦的銀行外，尚有德華銀行（Deutsch-Asiatishe Bank），橫濱正金銀行（Yokohama Specie Bank），華俄道勝銀行（Russo-Chinese Bank），東方滙理銀行（Banque de l'Indo-Chine），和花旗銀行（First National City Bank）等。（註一四一）

甲午戰爭前，中國尚未有銀行出現。錢莊只不過是小的金融機構，其資本有限，但業務範圍却相當廣泛。因此，外國銀行利用其政治上和經濟上之優越地位，在上海發揮現代銀行之功能。外國銀行如專恃外國人的股份，其資本恐將不足於應付業務之需要，所以利用發行鈔票和接受存款等方式，吸收中國人的資本。然後再轉借給洋商，或以高利轉貸給華商和滿清政府。

貸款給滿清政府，洋人得以控制中國海關之管理；貸款給華商，洋人得以監視華商的商業活動。銀行周報說：「若我規模宏大之商家，間有與外國銀行共往來者。但考其發生之原因，莫不因資本上之關係。表面上雖係共往來，而實際上則不啻會計之稽察，財產之監理也。」（註一四三）

一八九五年（光緒二十一年）以後，中國人發現像錢莊那樣的金融機構絕非外國銀行的敵手。於是在盛宣懷的要求和籌備下，中國通商銀行於一八九七年（光緒二十三年）成立。該行是仿效外國銀行，特別是滙豐銀行。戶部銀行於一九〇四年（光緒三十年）開辦，而於一九〇八年（光緒三十四年）改稱大清銀行。一九〇六年（光緒三十二年）信成銀行，一九〇七年（光緒三十三年）交通銀行，一九〇八年（光緒三十四年）寧波銀行陸續成立。

一般來講，華人所辦的銀行資本都很有限。例如中國通商銀行的資本為五百萬兩，（註一四四）寧波銀行的資本則只有一百五十萬兩。（註一四五）此外，華人所辦的銀行亦比外國銀行來得遲。一八九七年（光緒二十三年）盛宣懷在奏摺中說：「中國銀行大路椎輪規模草創，故裨補於商務收效於桑榆者必須由漸而來。蓋由倣辦於各國銀行在華開設之後，如滙豐之設已三十餘年氣勢既盛，根柢已深，不特洋商款項往來網羅都盡，中行決不能分其杯羹。卽華商大宗貿易亦與西行相交日久，信之素深。中國銀行新造之局，勢力未充；非可紛飾鋪張驟與西人爭勝。」（註一四六）中國銀行因此處境相當困難。

錢莊為中國的一種古老的金融機構，其在上海的歷史比租界還早。二十世紀為錢莊的興盛時期。在租界內，一九〇三年（光緒二十九年）有錢莊五十九家，一九〇六年（光緒三十二年）有八十家，一九一〇年（宣統二年）有七十四家。然而，辛亥革命前夕的金融危機，使一半的錢莊倒閉。一九一一年（

宣統三年）只剩下錢莊三十七家。（註一四七）

錢莊的資本雖不雄厚，但却在上海的經濟和社會生活方面擔任一個相當重要的角色。錢莊與華商的關係相當密切。從未光顧銀行的華商還算不少，但從未光顧錢莊的華商却不多。兩者之間的關係以存款和借貸為主。由於華商的存款，使錢莊有足夠的現金流通；同時，由於利用錢莊借貸之款項，使華商能獲得所需的資本。（註一四八）一八八三年（光緒九年）的金融危機就是這種關係的最佳證明。那年正月，一家絲行——「金嘉記源號」因虧損五六〇、〇〇〇兩而突然宣告倒閉。四十家被波及的錢莊急於收回所貸之款，以求自保。因為銀根缺乏，導致二十餘家商行破產和半數的錢莊宣告倒閉。（註一四九）

有些華商身兼錢莊和商行老闆兩種身分。他們一方面以經營商業獲得的利潤投資於錢莊，以求更多更高的利潤；一方面以開設錢莊為手段，運用更多的資金來從事商業買賣的擴充。（註一五〇）

錢莊除跟華商有密切的關係外，也和銀行有相當的關係。在一八四〇年（道光二十年）到一八九五年（光緒二十一年）階段，隨着外國資本主義的侵入中國，外商銀行如麗如銀行，麥加利銀行和滙豐銀行先後於一八五〇年——一八六〇年（道光三十年、咸豐十年）間在上海設立。這一時期內，上海錢莊在性質上和業務上也起了很大的變化。外國企業為深入內地推銷商品和掠奪原料，必須利用原有金融機關調撥資金。這樣錢莊便首先成為可以受其利用的工具。在中外商人間，以及上海與內地之間起着調撥資金的媒介作用。據一八五八年（咸豐八年）「北華捷報」所載，當時上海城內和租界地區約有錢莊一

百二十家，其中較大的錢莊都以十天或二十天的期票，對經營棉織品等的批發商和鴉片掮客給予資金週轉的便利。（註一五一）

甲午戰爭後，錢莊繼續受外國銀行的支持，依靠發行遠期莊票，擴大信用和掌握滙劃制度，保持資金的主動調撥。同本國銀行比較，錢莊還依然處於優勢地位。初期，本國銀行的業務未能廣泛發展，有些銀行曾聘請錢莊經理為經協理，還往往以多餘的資金供錢莊運用。（註一五二）

最後，錢莊亦與華官有關係。「租界錢店，當時均係避地官紳所開設。咸豐初年，吳健章署理滬道。厥后以失守城池案被參。參摺中有影借同鄉名義在洋場中開設錢店一款。及奉旨交江南大營戴罪效力，出于向榮之代請，而向之所以為吳營救者，聞向之私財，即寄頓于吳店故也。」（註一五三）

上海道巨額的公款也寄存在錢莊。一九〇五年（光緒三十一年）公款數高達四百五十萬兩。（一五四）由於這項存款使錢莊獲得極高的利潤，亦使華官私囊中飽。一九一一年（宣統三年）八月三日「謁言報」的一篇文章對這些官吏如何致富，有很詳細的說明，邵友濂是第一位以庫款之利息入自己私囊的上海道台。一九〇一年（光緒二十七年）袁樹勛接任。他以各省每月解送到上海之數萬兩的賠款存在錢莊，以生利息。（註一五五）上海道因此成為一肥缺。

基於這種關係，錢莊方能在危急時，得到華官的支援。一九一〇年（宣統二年）在「橡膠股票」危機之後，上海道台向滙豐銀行貸款，以幫助岌岌可危的錢莊。

五、結論

上海租界原爲洋人而設，洋人在租界社會自然而然地成爲特權階級。可是在洋人之中，亦非一律平等。英國人和法國人掌握着租界的政治和行政大權。在公共租界，英國人在納稅人大會和工部局皆佔絕對優勢。上海租界的政權是個財閥政治的政權，而英商人數比其他洋商超出甚多。因此，英國人得以人口和經濟上的優勢，循選舉的途徑取得公共租界的政治和行政控制權。至於洋涇浜另一邊的情形就不一樣。法國人在法租界的政治優勢，完全基於法國政府所頒佈的公董局組織章程。

原則上，所有的外國人皆享有治外法權，但是英國人和法國人在司法上就猶如在政治上一般，具有相當大的影響力。在領事裁判權的制度下，外國人可在各方面受其本國派駐上海領事的保護。這種保護極易導致領事的擅權，而造成社會的不平和混亂。與洋人相比，華人可說是較不幸的一羣，因爲他們須受來自本國和外國官吏的雙重課稅和干涉。

在經濟方面，英國人也是高居首位。然而，美商、德商和姍姍來遲的日商在工商企業方面的努力，亦不容忽視。只有法國人在這方面落後甚多，法國商人爲數寥寥無幾。蓋因法國侵華的主要目的，不在於通商，而在於傳敎。

如單以人口來看，上海租界可算是個華人的城市。但如以政治、司法和經濟等方面來看，則上海租界又是個外國人的世界。華人在租界社會的地位，就好像是生活在外國人的殖民地裏一般。

附註

註一：AE. C. C. Shanghai（法國外交擋案，領事事務及商務報告上海部份 Archives Diplomatiques, Correspondance Consulaire et Commerciale-Shanghai 之縮寫，以下均同），卷十五，頁九六。

註二：依據東方雜誌十三卷，三期（一九一六年三月）的資料。一九一五年兩租界的外籍人口總數爲二萬零九百二十四人。其中有七，三八七位日本人，五，五二一位英國人。此時英人人數已位居日本人之下。

註三：Fredet, J, Quand la Chine s'ouvrait（Imprimerie de T'ousè-wè, Shanghai, 1943）P. 36.

註四：Maybon, CH. B., et Fredet, J., Histoire de la Concession française de Changhai.（Librairie Plon, Paris 1929）, P. 15.

註五：Ibid., P. 297.

註六：King, C., The Treaty Ports of China and Japan.（Trubner and Co.; London. 1867）, P. 390-391.

註七：AE. C. P. -Chine（政治報告中國部份 Conespondance Politique-Chine 之縮字，以下均同），Vol. 269, P. 107.

註八：Ibid., P. 104.

註九：L'Echo de Chine, 16, nov. 1905.

註一〇：Woodhead, China Year Book（1912）P. 414.

註一一：Montalto de Jesus, Historic Shanghai（The Shanghai Mercury Ltd, 1909）, P. 236. 該輪船爲 Zensai maru.

註一二：上海春秋（中）頁九。

註一三：L'Echo de Chine, 18 juillet 1907.

註一四：Hauser, E! Blancs et Jaunes à Changhai,（La Nouvelle Edition; Paris 1905）, P. 112.

註一五：AE. CP. Chine, Vol. 261, P. 240.

註一六：L' Echo de Chine, 16 Novembre 1905.

註一七：Chronicle and Directory 1901, P. 178.

註一八：N.C. Herald, 28 Novembre 1968.

註一九：Murphey, R., Shanghai, Key to Modern China（Harvard University Press 1953） P. 23-24.

註二〇：AE. C. C. Shanghai, Vol. 11, P. 48.

註二一：Claparēde, A., Quatre semaines sur la côte de Chine,（Imprimerie Charles Schuchardt, Genēve, 1884）, P. 37.

註二二：AE. Ç. P.-Chine, Vol. 261, P. 5.

註二三：Ibib., P. 238.

註二四：Ibid., vol. 262, P. 13.

註二五：AE. C. C.-Shánghai, vol. 2, P. 268.

註二六：Ibid., vol. 11, P. 50.

註二七：一九〇五年兩租年界有五四八、八四八位華人其中四五二、七一六位住在公共租界，九六、一三二位住在法租界；同一時期，法租界有洋人八三一位，公共租界估計有洋人一一、〇〇〇人。

註二八：Tchang, T. T., Les titres de location perpétuelle sur les Concessions de Changhai, (Recueil Sirey, Paris, 1940) P. 92-93.

註二九：N. C. Herald, April, 27. 1872.

註三〇：Maybon et Fredet, op. cit., P. 297.

註三一：N. C. Herald, August 31, 1880.

註三二：王揖唐，上海租界問題（上），頁十八——二十一。

註三三：東方雜誌，十三卷，三期，一九一六年三月。

註三四：L'Echo de Chine, 16 Novembre 1905.

註三五：Hauser, op. cit., P. 64.

註三六：陳獨秀，獨秀文存，卷二，頁九四。

註三七：Yang, M. C., Chinese Social Structure (Eurasia Book Co, Taipei 1969), P. 139.

註三八：AE. C. P. Chine, vol. 261, P. 240.

註三九：同註九。

註四〇：同前註。

註四一：同註三十三。

註四二：Kotenev, A. M., Shanghai, Its mixed Court and Council. (Ch'eng-Wen, Taipei 1968) P. 63 et AE. C. C.-Shanghai, vol. IV, P. 284.

註四三：AE. C. P.-Chine, vol. 258. P. 110.

註四四：Documents diplomatiques français (Livres jaunes), No. VIII, P. 451.

註四五：姚公鶴，上海空前慘案之因果，東方雜誌，二十二卷十五期（一九二五年八月十一日）。

註四六：A.E. C. P. Chine, vol. 597, P. 27.

註四七：Ibid., vol. 268, P. 116.

註四八：Ibid., vol. 598, P. 155-156.

註四九：Ibid., P. 135-136.

註五〇：Ibid.

註五一：Ibid., vol. 258, P. 2.

註五二：Ibid., PP. 3-4.

註五三：Ibid., vol, 261, P. 2.

註五四：Ibid., C. C. -Shanghai, vol. 12. P. 354.

註五五：Ibid., C. P. -Chine, vol. 269. P. 19.

註五六：Ibid., vol. 262. P. 9o.

註五七：同前註。烏依葉本人獲得一五七票而當選。

註五八：在公共租界警察權屬於工部。

註五九：L'Echo de Chine, 16 avril 1908.

註六〇：Des Courtils, L., La Concession Française de Changhai (Recueil Sirey, Paris, 1934), P. 194.

註六一：Escarra, J., Droits et intérets étrangers en Chine (Recueil Sirey, Paris, 1928) P. 75.

註六二：Fauvel, A.-A., Histoire de la Concession Française de Changhai (Soye, Paris, 1899), P. 19.

註六三：同註二十一。

註六四：Pott, F. L. H., A Short History of Shanghai (Kelly & Walsh, Shanghai, 1827) P. 41.

註六五：同註四十五。

註六六：依照姚公鶴之前文，從一八六八年至一八九九年，華人會出現於工部局。然而事實上，法國人於一九一四年以後才允許兩位華籍士紳參加法租界公董局為董事，在公共租界的工部局裏，一九二八年才加入了三位華籍董事，兩年後，華籍董事的人數增至五位。

註六七：Documents Diplomatiques Français, No. XI, P. 258.

註六八：該原則為：''That there shall be a Chinese element in the municipal system to whom reference shall be made, and absent obtained to any measure affecting the Chinese residents.''

註六九：Kotenev, op. cit., P. 15.

註七〇：Ibid., P. 35～37.

註七一：N.C. Herald, February 16, 1906; Hao Yen-p'ing, The Comprador in the Nineteenth Century China (Havard University Press, 1969), P. 192.

註七二：Ts'ien Siang-Suen, Le port de Changhai-étude économique P. 21; AE., C. P.Chine, vol. 599, P. 62.

註七三：AE. C. P.-Chine, vol. 597, P. 13.

註七四：Ibid., vol. 274, P. 123.

註七五：Ibid., vol. 599, P. 105-106.

註七六：Ibid., vol. 267, P. 52-64, 清初及中期對外交涉條約輯一（國風出版社，一九六四年），頁九九。

註七七：Ibid.

註七八：Kotenev, op, cit., P. 3. 清初及中期對外交涉條約輯，頁一九五。

註七九：AE. C. P. -Chine, vol. 268, P. 56.

註八〇：Kotenev, op. cit., P. 45.

註八一：AE. C. P. -Chine, vol. 597, P. 91

註八二：丁榕，上海公共租界之治外法權及會審公廨，東方雜誌，十二卷四期，一九一五年四月。

註八三：同註八十一。

註八四：王揖唐，租界問題（中），頁一。

註八五：AE. C. P. -Chine, vol. 597, P. 25-26.

註八六：逮捕權亦有相當的限制，例如要逮捕一位替洋人做事的華人，必須獲得該洋人所屬國領事之同意。

註八七：AE. C. P. Chine, vol 597, P. 27.

註八八：Ibid., vol. 589, P. 89.

註八九：Ibid., P. 99.

註九〇：Ibid., vol. 262, P. 55.

註九一：Ibid., vol. 598, P. 72.

註九二：Ibid., vol. 597, P. 167-168.

註九三：Ibid., vol. 598, P. 68-69.

註九四：Ibid., vol. 597, P. 1-2.

註九五：Ibid.

註九六：Ibid., P. 2-3.

註九七：王揖唐，前引書，中册，頁十二——十三。

註九八：AE. C. P. -Chine, vol. 598, P. 62.

註九九：丁榕，前引書，頁七。

註一〇〇：同註九八，頁八七。

註一〇一：修正案的第六款爲：“All warrants of the Mixed Court against Chinese in the foreign settlement north of the Yang-King-Pang shall not be enforced unless counter signed by the Senior Consul of Shanghai. If the defendant is in the employ of a foreigner, such warrant must be countersigned by the Consul of the Nationality of the employment of the defendant.”

註一〇二：AE. C. P. -Chine, vol. 598, P. 29-30.

註一〇三：Ibid., vol. 599, P. 65.

註一〇四：Ibid., P. 19.

註一〇五：Ibid., P. 104.

註一〇六：N. C. Herald, Febrdary 25. 1885;

註一〇七：AE. C. P. -Chine, vol. 258, P. 69.

註一〇八：Ibid., vol. 262, P. 244.

註一〇九：嚴中平，中國棉紡織史稿，頁八十。

註一一〇：上海棚戶區的變遷，頁三——四。

註一一一：汪敬虞，中國近代工業史資料，頁三三八。

註一一二：同前註。

註一一三：同前註，頁六八六——六八七。

註一一四：對錦藻，清朝續文獻通考，（新興書局，臺北，一九五九）卷十二，頁一一三二五。

註一一五：孫毓棠，中國近代工業史資料，頁六五。

註一一六：一元等於〇・七一五上海兩。

註一一七：孫毓棠，前引書，序頁十一。

註一一八：嚴中平，前引書，頁一三五——一三六；汪敬虞，前引書，頁二〇六；Chronicle and Directory for China P. 138.

註一一九：同前註。

註一二〇：孫毓棠，前引書，序頁九。

註一二一：汪敬虞，前引書，頁二一二——二二六；劉錦藻，前引書，頁一一四二四。

註一二二：化學工業：Kiangsoo Acid and Soap Works; Watson & Co., A. S. Limited; Aguarius Water Co. 食品工業有：China Flour Mill Co., Ltd., Scharff's oil and Bone Mills Ltd; Lih-Teh Oil Co. 印刷業有：Tien Shih Chai Photo-Lithographic Publishing Works; London Missionary Society press.

註一二三：孫毓棠，前書書，頁九七一。

註一二四：同前註，頁一五〇——一五二。這五家絲廠是坤記，裕昌、源昌、正和、倫華。

註一二五：汪敬虞，前引書，頁八九六——九〇三。

註一二六：七家洋商所辦絲廠的資本總額達五百三十萬元，二十五家華商所辦的絲廠的資本總額爲八百六十一萬七千元。

註一二七：汪敬虞，前引書，頁八三八。

註一二八：嚴中平，前引書，頁八四——九二，盛宣懷，愚齋存稿，（文海出版社，臺北，一九六三年），頁一七——一八。

註一二九：同前註，頁九九。

註一三〇：創辦於一九〇七年之九成紗廠原爲中、日合資，一九〇八年就歸日商獨營，創辦於一九一〇年之公益紡廠，於一九一二年，賣給英國人。

註一三一：盛宣懷，前引書，頁八〇七。

註一三二：鄭觀應，盛世危言，（中華雜誌社，臺北，一九六五年），卷五，頁十八。

註一三三：汪敬虞，前引書，頁八九二——八九三。

註一三四：盛宣懷，前引書，頁六九三。

註一三五：同前註，頁一七九。

註一三六：嚴中平，前引書，頁一〇八。

註一三七：汪敬虞，前引書，頁八二七——八二八和九二〇。

註一三八：劉錦藻，前引書，頁一一四二四。

註一三九：汪敬虞，前引書，頁九一二——九一三。

註一四〇：同前註，頁八〇二——八〇四、八一三、八四一、八四四、八八〇、八八三、八九〇、九〇九、九一四——九一九；孫毓棠，前引書，頁一〇〇二、一〇一七——一八。

註一四一：楊端六，清代貨幣金融史稿，頁二三三——二三四。

註一四二：同前註，頁二三四。

註一四三：東方雜誌，十五卷、二期，一九一八年二月。頁一七五。

註一四四：盛宣懷，前引書，頁五四——五五。

註一四五：Hao Yen-P'ing, The comprador in Nineteenth Century China, (Harvard University Press, 1969), P. 133.

註一四六：盛宣懷，前引書，頁八六——八七。

註一四七：上海錢莊史料，頁九十四。

註一四八：楊端六，前引書，頁一六。

註一四九：同前註，頁一六六。

註一五〇：上海錢莊史料，序頁四。

註一五一：同前註，序頁五。

註一五二：同前註。

註一五三：姚公鶴，上海閑話，頁一六一。

註一五四：上海錢莊史料，頁十三。

註一五五：根據一九〇一年，辛丑條約，中國政府須付賠款銀四萬五千萬兩，年息四釐分十九年，本息清還。

註一五六：一九一〇年，有一位洋人在上海成立「橡膠股份公司」，並在宣傳中極力誇張橡膠企業的前途。那些誤中圈套的華商急着搶購該公司的股票。然後洋人以返國交涉業務爲藉口，就一去而不返。因此股票的行情一落千丈，而持有該公司股票的華商紛紛宣告破產，十幾家受波及的錢莊也因而倒閉。

第二章　洋人社會結構與社會生活

上海租界社會爲一華洋雜處的社會。洋人雖只佔租界全人口的百分之五，但却處處居領導地位。這個上海租界的領導階級是以外交和行政人員、商人、傳教士等爲主要組成份子。

一、外交和行政人員

通商和傳教爲洋人强迫中國開埠的兩大動機，因此商人和傳教士自然而然地成爲洋人社會的主幹。然而租界之管理和發展，却全賴外交和行政人員。

(1)外交人員

一八五四年，上海只有三個領事館。（註一）十年之後，租界已相當繁榮，許多不同形式的領事旗幟在洋行門口隨風飄揚。除了英國、法國、西班牙、美國、普魯士等五國派遣領事駐在上海外，歐洲的其他國家幾乎都已委託一位本國的商人或商行，代爲執行領事職務。（註二）

在二十世紀初期，上海已有英國、法國、美國、西班牙、奥匈帝國、意大利、日本、俄國、比利

時、瑞典和挪威聯合王國、葡萄牙、丹麥、德國、荷蘭等十四個領事館。(註三)

租界的權力是掌握在享有治外法權的領事或領事團的手中。這些領事可說是其本國僑民中之小皇帝，他們在租界的政治、行政、司法、經濟和社會等方面，皆具有相當大的影響力。

在各國領事當中，法國領事的權力最大，因爲他獨享法租界的管理權。法國政府將上海法租界置於其政治利益的保護者和代理人的總領事之特殊權力下。(註五)爲了執行上述任務，總領事就得控制警察。依據一八六八年四月十四日法租界組織章程第十三款，總領事「負責法租界一切有關秩序和公安之維持事宜。巡捕房的開支由市政府負擔，但指揮權却全操在總領事手中。他對巡捕得任命、停職或免職。」(註六)至於洋涇濱的另一邊，巡捕房並非完全受領事團之指揮，工部局對之亦有相當的控制權。

法國領事至高無上的權力，遭到多方的指責。一八八六年三月二十九日一份法文日報「辯論報」(Journal des Débats)說:「法國也是自己的租界，假如我告訴你們，那居住在上海寥寥無幾的法國人，都盡量避免在法租界定居時，這似乎有點不近情理。然而，事實上，在英美租界的生活是較和諧也較自由。大權獨握的我國領事，可說是道地的獨裁者。因此，那些與英國人住在一起(住在公共租界)的我國國民是値得諒解的。」(註七)這項批評，顯露出爲何定居在公共租界的法國人比定居在法租界的法國人多。

領事對市政的影響力，端視租界而異。在法租界方面，依據一八六六年的章程，「公董局由(法國）總領事擔任總董，他具有解散該局的權力，但必須將做此決定的動機向外交部長和駐北京公使報告。」（註八）在公共租界方面，工部局負責管理財政和制訂警察組織章程等事宜，除了司法案件或者工部局所做之決定與華官有關之外，領事團對之從不加干涉。（註九）

一直到二十世紀初期爲止，領事本身通常是領事法庭的審判官。在一九〇六年，「依據美國國會最近制訂的法律，司法權將永遠地從駐華的美國領事的職權內分離，並將它移至設在上海的一個特別法庭。」（註一〇）一、兩年後，英法兩國亦步美國之後塵。

在司法和領事權力尙未分離之時，領事極易有濫用權力的情形發生。這種濫權可分兩方面：其一與外國人有關。生活在治外法權制度下的上海洋人，受其本國領事所治理。因爲領事通常本人參預上海的商務，或者是原告或被告的朋友，所以在法律方面對其定居在上海僑民之要求不如在其本國之嚴厲。基於此種緣故，各種大大小小無奇不有的舞弊事件層出不窮。（註一一）

第二種濫權與上海會審公廨有關。根據中國政府和各國駐北京公使團的同意而制訂的一八六九年公共租界會審公廨組織章程第一款第二項，華籍會審官對純粹華人司法案件，有獨立審判權。（註一二）然而，外國領事常在職權範圍之外，採取行動，（註一三）以便改變中國政府與各國公使所訂的條款，並且還侵佔華籍會審官之權力。

領事與商人之間常有極密切的關係。某些領事甚至由商人充當。一八四六年，一位美商旗昌洋行（Russell & Co.）的股東烏爾考特（H.G. Wolcott）成爲美國駐上海的第一任領事。此後一直至一

八五四年，美國領事一職，都爲旗昌洋行的股東所包辦。（註一四）

此外，尚有某些領事利用其職權，幫助親友圖利致富。法國領事館代理領事愛棠（Edan ）即爲一例。一八六二年，愛棠以領事館的主事身份代理領事一職時，他奉法國外交部命令，要替「法蘭西輪船公司」（Compagnie des Messageries impériales ）徵購一塊地皮，使該公司得以安置一些重要航運設備。安頓這些設備只須兩公頃（hectares ），（註一五）但是愛棠却向中國地方官府請求五公頃。他不將多餘的三公頃分配給租界的法國居民，而全部給皮少耐（Buissonnet），並且只要求後者設法讓居住該地的華人搬走。此時，上海租界的地皮已相當值錢。皮少耐立刻就將三公頃的地皮，以每華畝一千銀兩的租金全部租出，隨後他將事先取得的一年的租金，拿去遣散那些華人就綽綽有餘。總而言之，皮少耐不費一文，只以他人所預付一年的租金，就取得那一大塊地皮的所有權，那塊地皮就如此變成他的財產，一筆相當可觀的財富。（註一六）

至於社會影響方面，領事舘可說是個社交中心，如英領事愛爾考克（Alcock ）的夫人和法國總領事伯佐（Bezaure）都是當時社交界的領導人物。伯佐出身貴族，他使租界社會充滿着貴族的色彩。他宴客的氣派十分講究。在他要招待客人的那天早晨，許多洋商的太太都趕到一家巴黎美容院修飾一番，使之能更加雍容華貴，以免在高貴的主人面前顯得失色。（註一七）

上海社會風氣之敗壞，某些領事亦難辭興風作浪之責。他們鼓勵彩票的發行，甚至還包庇賭場。法國領事在其本國政府的授權下，在租界發行彩票，賺得大量金錢，以便能創辦學校，教授法文，使之能

跟其他列强一爭長短。（註一八）

一九三四年元月十四日的「人道報」（L'Humanité）對法國領事包庇賭場，鼓勵賭風一事，曾有如此的批評：「領事之權力漫無限制，他之同謀與否，跟上海法租界社會風氣之敗壞有莫大的關係。譬如地下賭場是否關閉和追究，端視其業主與領事館方面之交情如何。這些業主通常是律師或醫生。」（註一九）

西班牙領事在助長社會歪風方面比法國領事更為積極和公開。自從西班牙駐上海領事卡斯提爾（Castille）到任後，他就「準備支持那些借用其名聲最惡劣僑民之名義，而創辦的所有喪風敗俗的事業。此外，他還出售保護權給定居在上海及其鄰近地區的華人。」（註二〇）

領事的影響力常被領事用來當做一項為其本國，為其國民，甚至為其本人謀取利益的工具。然而他們却對華人漠不關心，並且對這個東方國家具有成見。想認識和瞭解華人的外國領事，可說微乎其微。他們之中，大部份人認為這種事情有損其尊嚴。因此在領事與華人之間，存在着一座無形的墻，這座墻比中國的萬里長城更難超越。（註二一）

在無數的駐上海領事中，有一小部份因對租界的成立和發展有貢獻，而能留名後世，如英租界的創始者巴爾福（Balfocr）和法租界的創始者敏體尼（Montigny）。（註二二）

上海是個訓練年輕外交官的理想場所。兩位年輕的英國領事愛爾考克和派克（Harry Parkes）在未成為大英帝國派駐遠東各大城的代表之前，曾在上海接受最初幾年外交生涯的考驗。在上海，他們

獲得許多酸甜苦辣的回憶。一九九〇年，洋人在租界內樹立一座派克的銅像，以紀念他對租界的貢獻。（註二三）

(2)海關人員

上海關的外國籍關員在上海外籍公務員中佔相當重要的地位。海關名義上屬於中國，但其重要職位全被洋人所包辦。爲瞭解這項有趣的事實，就得找出洋人以何種方式進入海關工作。

一八五四年，當上海縣城被小刀會黨徒佔據時，由於實際需要，洋人開始在上海海關從事關稅的徵收工作。自從道臺吳健章到英租界避難以後，他再也無法徵收關稅。在英國領事愛爾考克的提議下，由道臺和英、美、法三國領事於一八五四年六月二十九日在上海召開一次會議，討論如何徵收關稅。會議結束後，三國領事同意，只要中國政府答應外國人參預上海關的管理，上海關就可在租界設立。

由三國領事提名，然後經中國政府任命的三位海關監察員，以委員會的形式執行職務。各有關方面對這項初步的嘗試都相當滿意。

英國特使額爾金爵士（Lord Elgin）在得到滿意的答覆，並取得美法兩國代表的同意後，採取一項新步驟，以便擴展洋人參與海關行政的慣例，並使之成爲一種永久性的形態。一八五八年十一月八日，他依據中英天津條約第四十六款之規定，（註二四）與中國政府簽訂「中英通商章程善後條約」。

爲使上海關的制度能普遍在中國其他通商口岸實施，上述條約第十款曾如此規定：「通商各口收稅如何嚴防偸漏，自應由中國設法辦理，條約業已載明。然現已議明各口劃一辦理，是由總理外國通商事宜大臣，或隨時親詣巡歷，或委員代辦，任憑總理大臣邀請英人幫辦稅務，並嚴查漏稅，判定口界，派人指泊船隻及分設浮樁號船塔表、望樓等事，毋庸英官指薦干預。……」（註二五）

此款使中國海關行政完全落入洋人，特別是英國人的手中。當李斯特（Lyster）於一八六二年隨高登（Gordon）在上海作戰時，他就覺得奇怪為何所有海關職員都是英國人。（註二六）

英國在海關人員中佔優勢的情況繼續存在。一八九六年，在六七九位中國海關職員中，英國人佔三七四位，德國人八十三位，美國人五十一位，法國人二十九位，其他國籍的洋人一一二位。在包括總稅務司在內的五十四位海關單位主管中，英國人佔二十九位，德國人六位，美國人九位，法國人四位，其他國籍的人五位。（註二七）上海關為中國最大的關口，我們相信其洋人職員在國籍方面之比例，亦與上述情形相差不遠。

一九〇五年以前，日本人就已進入海關服務。然而他們並未受到歐美人士之信任。「中法新彙報」（Echo de Chine）曾說：「長久以來，海關職員的選擇都相當嚴格，如果以後還是只有白種人擔任此項工作時，這種情況還是會繼續下去。然而，當日本人參預此項工作後，任何人都無法肯定此項良規是否將永遠保存。」（註二八）

華人都被拒於高級關員職位之外。自一八五九年以後，所有重要的職位全為洋人所包辦。（註二九）華籍職員的職位永遠十分低微，如譯員和中文秘書等。（註三〇）中國第一位留美學生，耶魯大學畢業的容閎曾經擔任過上海關的通譯。（註三一）

關稅收入為中國政府財政最重要的來源之一。（註三二）這項重要收入的行政管理權之落入洋人手中，當然會引起華人的不滿。鄭觀應在其「盛世危言」一書裏，曾建議以中國人取代海關的外籍職員。（註三三）

所有華人的不滿和建議都無法發生作用，也無法改變洋人控制中國海關的情況。其主要原因乃是中國一直都受制於其外國債主。

自一八七四年以後，中國遭受一連串的嚴重考驗，因此需要大量的金錢去應付。由於鐵路及海關之收入做擔保，使中國政府很容易地借到錢。一八七四年，中國以海關稅收做擔保，借了兩百萬銀兩，分十年攤還。

此後，一連有幾項分期攤還的貸款。到了一九〇六年還剩幾筆貸款尚未攤還完畢。（註三四）一位對漢學頗有研究的法國學者亨利，葛第葉（Henri Cordier）曾如此說：「除非以海關為抵押的上述貸款都償還，中國是無法自由行動，也無法以華籍公務員，更替那些對海關的創立和組織有相當貢獻的歐美籍關員。」（註三五）對於華商來說，洋人之控制海關是一件十分不幸的事，因為所有外國籍關員都是偏袒洋商，而忽略華商的利益。他們對相同商品課兩種不同的稅。結果，憤憤不平的華商投訴於道臺，道臺向稅務司探詢實情，而結務司却將此事交給關員處理。無論如何，最初那課重稅的決定總是佔優勢。到最後，道臺亦無法替華商申寃。為逃避重稅，華商只好借用洋商之名，因此華商的商品變成洋商的商品。華商因須付權利金給洋商，無形中商品的成本就提高。假如華商不提高其商品的價格，則將

虧損不堪，但是萬一將價格提高的話，則又競爭不過洋商之商品，那麼其商品只有滯銷一途。（註三六）

在外國籍關員之中，階級之分相當嚴格。外勤人員猶如印度的「穢民」，其受歧視之程度，跟歐亞混血種一般；然而內勤人員的社會地位却相當高。拉斯慕山（Rasmussen）將此時期的海關人員比喻爲「遠東的外籍兵團」。他們來自各種不同的社會階層，也各有不同的出身和個性。外勤人員通常是一些酒鬼、無賴漢和文盲所組成，其中尙有些化名的逃犯。（註三七）或許這就是他們被輕視的原因。

海關的華籍職員另成第三個範疇，其社會地位比外勤的洋人還低。在待遇方面，外國籍職員與中國籍職員完全不同。一位外國籍的燈塔管理員所拿的薪水比其中國籍同事高出十倍。（註三八）

華籍關員的待遇偏低是海關人員舞弊的原因之一。鄭觀應說：「余細考華人之舞弊者，大抵西人俸重，足以開銷，華人俸薄，不敷繳用。」（註三九）

二、洋商

商業爲上海之靈魂，而洋行正是構成這靈魂的要素。一般來講，洋行的門口通常都掛着一塊寫着行名的銅牌，並由一位印度人看門。大班（taipan）爲洋行的主持人，其意見極受職員們的尊重。

由於上海日漸繁榮，洋行的數目亦迅速增加。一八四四年，上海只有十一家洋行；一八四七年，有三十九家；一八六七年，有三百家以上；（註四〇）到了一九〇三年，則增至六百餘家（註四一）。

在洋商之中，我們應瞭解到底那些人勢力最大，同時也應探討他們的社會關係、政治和經濟的活動。大體上，法國在上海的商業地位不但不如英、美、德三國，而且也不如姍姍來遲的日本。英商在人數和勢力兩方面，永遠居先。

一八五五年，在上海的五十三家洋行之中，英國人佔二十八家，美國人六家，德國人三家，法國人三家。（註四二）一八六五年年底，在八十八家洋行中，英國人有五十八家，美國人有六家。（註四三）在十年期間，英國商行的數目增加兩倍以上。

法國商人的人數相當少。一八七三年三月三十日，在八十八位居住在上海的法國人之中，只有三位商人。（註四四）大部份的法國商人爲來自里昻（Lyon）的絲商。一八八二年，上海有一五〇位法國僑民，其中只有十至十二位是商人。然而在一千五百位英國僑民中，有數百位是商業界和社會上的成名人物。（註四五）

法國商人在上海（特別是在法租界）十分稀少的情形繼續存在。法國領事經常爲此事而抱怨。在一九〇一年三月一日的領事報告中，伯佐說：「我應承認法國租界並未充分吸引我國商人的注意力。我們的江岸爲英國和中國的公司所盤據而我們最好的地皮也被外國人，或借用英國人名義的華人所擁有。這個弊端的根源乃是我們的同胞，對法國替他們在此港口所爭取的利益，顯得漠不關心。來到中國的法國資本家和工業家，從不曾想到要在這值得注意的地方設行建廠的問題。法國人所擁有的只有原租界的五分之一的地方。」（註四六）

法租界是為法國的商業利益而設立，但是法國商人對之並不十分感興趣。相反地，他們倒是對公共租界極表好感。上海惟一代表法國的大金融機構「法蘭西銀行」（Le Comptoir d'escompte de Paris）就是設在公共租界。其他的法國商人也步其後塵。上海的法商本已十分稀罕，法國領事的擅權，更令他們不願定居在其本國專有的租界。

在投資方面，上海洋商之中，英商最為重要。一八四〇——一八九四年期間，西洋人—主要為英國人—在華的投資總額高達十億法郎，其中有大半是在上海。（註四七）

許多法商投資於當地的工業。依據法國「外交文件」（Documents diplomatiques）的記載，「特別是法國人擁有「國際紡織公司」（International Cotton Manufacturing Co.）近半數的股票，該公司的資本為十萬銀兩」。（註四八）

德國商人在上海的投資數額亦相當可觀。在一九〇三年，除了德華銀行外，德國人尚有八十六個企業機構。他們擁有兩家資本額共達兩百萬馬克（折合四七六、〇〇〇元）的織布廠，四家資本額共達九百九十萬馬克的紗廠。此外，還以六百九十萬馬克的資本參加六家絲廠，三家造船廠和四家麵紛廠；同時以五分之一的股份加入一家資本額達二十一萬四千二百元的煤氣工廠。德商尚以八、一四二、〇〇〇馬克的資金投入滙豐銀行、上海土地投資公司（Shanghai Land Investment Co.）、上海貨船公司（Shanghai Cargo Boat Co.）、和上海碼頭公司（Shanghai and Hongkew Wharf Co.）。（註四九）

英國的大商行——怡和洋行（Jardine Mathesou & Co.）在上海和在中國的所有商埠，可說是商業界的領袖。到一八六七——六八年的時候，由於進口鴉片綿紗和五金所帶來的巨額財富，這家洋行和其他洋行的行東已經成爲商業界的鉅子。（註五〇）

怡和洋行的發展極爲迅速，它在二十世紀初期就已壟斷了許多經濟部門。該洋行的投資範圍相當廣泛：從保險業地產業航運業和碼頭業，一直到電車和鐵路等企業。至於工業方面，怡和洋行不但投資於紗廠和絲廠，並且還投資於包裝、木材、電氣、製糖、製冰和冷藏等工業。自從一八三二年成立起，到一九一四年爲止，該洋行擁有三十家企業機構，資本額超過四千萬元。（註五一）

怡和洋行在上海有下列幾種企業：（註五二）

1. 進出口業
2. 上海碼頭公司
3. 怡和絲廠（EWO Silk Filature）
4. 上海土地投資公司
5. 怡和紗廠（EWO Cotton Spinning and Weaving Co.）
6. 怡和絲織廠（EWO Silk Spinning, Weaving and Dyeing Co.）
7. 怡和木材廠（EWO Timber Depot）
8. 中英棉紡織公司（Anglo-Chinese Cotton Manufacturing Co.）

9. 怡和打包公司（EWO Press Packing Co.）

10. 公益紗廠（Kung Yih Cotton Spinning and Weaving Co.）

11. 怡和機械廠（Jardine Engineering Corporation Co.）

12. 怡和冷藏公司（EWO Cold Storage Co.）

13. 滙豐銀行（Hongkong and Shanghai Banking Corporation）

14. 怡和啤酒廠（EWO Brewery Mill）

在那寥寥無幾的法國商人當中，雷米（Remi）（註五三）最具影響力。他在上海成立第一個法國商行，並賺進一筆相當可觀的財富。一八六〇年，該行由其姪徐蜜德（Edouard Schmidt）負責。徐蜜德在法租界建築一棟宮殿式的住宅。雷米本人則在倫敦當寓公，同時還不斷地對其在中國的企業機構發出指示。（註五四）他的業務代表在法國商人中居最重要的地位。一八八二年，在十位至十二位法商中，雷米的業務代表們，人數最多，勢力最大。（註五五）

洋商的社會關係相當複雜。一家洋行的股東之間通常有點親屬關係。大部份著名的洋行如旗昌洋行、怡和洋行、赫德（Augustine Heard）和雷米所創辦的洋行，都是家族式的企業經營。股東通常又是總行或分行的老闆，因此商行或公司的經理跟大股東通常是同一個人。

外國商人到上海是爲了做生意。買辦和華商都或多或少地幫助他們達到賺錢的目的，有時還要爲洋商而吃虧，由於買辦的幫助，某些洋商得因而致富。「申報」的創辦者美查（F. Major）卽爲一例。

美查精通中國的語言和文學。在創辦「申報」之前，他曾經營茶葉生意。此項行業的失敗令他興起改行的念頭，他的買辦陳華庚看到上海報紙的銷路不錯，建議他辦一份報紙，並向他推薦好友吳子讓擔任總編輯。美查欣然同意，同時請錢昕伯到香港調查當地報業狀況。然後於一八七二年四月三十日創辦「申報」。該報使他獲得相當多的利潤。（註五六）

美查之類的洋商是以合法的方式得到買辦的幫助而致富。可是有一部份洋商却利用買辦，去欺騙華商，以求達到發財的目的。大買辦鄭觀應曾舉兩例：

「昔有西商虧空勢將不支，託其買辦借款，並多買絲茶，例於下船後交價。不料船開後，接到英電謂該行倒閉。照西例僅將其行中所有攤還欠款而已。又有洋人串通華人開洋行者，洋人爲行主，華人當買辦。擬俟大買絲茶下船後逃遁。」（註五七）

一位上海著名的美商——小赫德（Augustine Heard, Jr.）也有類似的看法。（註五八）洋商與華商之關係可謂相當密切。自從洋行在上海出現之後，就供應華商從事進出口貿易的資本，以便操縱華商的商業活動。（註五九）然而，某些洋商的企業却依賴着華商的資本。譬如美商旗昌洋行的代表肯林翰（Cunningham）於一八六一——一八六二很成功地募足了創辦「旗昌輪船公司」（Shanghai Steam Navigation Co.）的資金。在一百萬銀兩的資本中，華商提供三分之一以上。（註六〇）

外國商人也時常與中國官吏有企業上的關係。上海道臺吳健章卽爲一例。他是旗昌洋行七大股東之一。在那個時期，美國領事一職由旗昌洋行的股東兼任，吳健章的加入，使該行成爲一個囊括上海中外官商重要人物的集團。走私鴉片爲這個集團的主要活動，在吳健章的庇護下，旗昌洋行的老闆就可毫無顧忌地從事這種非法的生意。（註六一）

由於租界的行政是個財閥政治，因此爲有勢力的洋商所控制。他們時常被選爲公董。（註六二）怡和洋行爲公共租界勢力最大的洋行，其行東因而時常被選爲工部局的總董。

洋商參與政治活動，不過是爲了方便其經濟方面的活動，不論其對租界的建設有多好的藍圖和花費多少的金錢，他們在上海仍然是些陌生人。甚至在上海居留過一段很長時間後，仍是急切地想返回本國。他們一再重複那些早期的洋商對愛爾考克所說的話：「我所關心的是能在最短的期間內發大財。至多在兩年或者三年，發了財之後就遠走高飛。至於上海是否隨之被洪水淹沒或大火毀掉，都與我無關」（註六三）

工業和商業爲上海兩種主要而又能賺大錢的經濟活動。例如在一八九二——一九〇〇年期間，一家英商造船廠——耶松有限公司（Shanghai Dock and Engineering Co. Ltd.）的股東所能分到的紅利總額高達八七七、五〇〇銀兩。換句話說，就是比最初所投的資本總額還多出七七、五〇〇銀兩。（註六四）

爲了能更迅速地發財，某些洋商除從事鴉片的走私之外，還經營房地產的投機生意。自從太平天國之亂起，那些避入租界的中國難民，就成爲外國地產業主的財神爺。在一八九八年九月二日的領事報告中，法國領事伯佐承認：「在最近，法商才開始在上海設立商行。此時，租界的在皮已皆有主。那些地皮的原有業主發現，以空地租給華人，此爲歐洲人建造華麗房屋，更能獲得高利潤。」（註六五）

上海的洋商一般說來都是十分富有。他們對於那些來自歐美的友人，都能招待得無微不至。佛拉謝夫人（Mrs. Hugh Fraser）在其遊記中曾有如此的記載：「在查丁・麥德遜（Jardine-Matheson）那皇宮式的住宅裡，我們連續十天都受到皇家式的款待。我完全爲這種東方王侯式的待客之道所迷惑。對我來講，這還是生平第一遭。」（註六六）

三、傳敎士

對傳敎士來說，上海自始卽佔有特別重要的地位。上海的地理位置，使其成爲中西交通的樞紐。因此，許多外國敎會團體在此設立傳敎總部。他們在華所辦的事業，也大都集中於上海。

傳敎士可分爲天主敎和耶穌敎兩大派別。我們將就其在上海的情況和活動等方面來探討，並略述華人對其活動的反應。

在上海開埠之初，耶穌敎的傳敎士已在該地出現。「倫敦會」（London Missionary Society）於一八四三年開始在這個新開闢的通商口岸進行傳敎活動，其代表人物爲麥都思（W. H. Medhurst）和洛克哈特（William Lockhart）。他們曾在廣州傳敎。麥都思抵達上海的時間比巴爾福領事略早，他曾經是巴爾福與中國政府當局談判時的最佳譯員：「英國駐上海的領事人員就這樣獲得傳教會具有豐富經驗和影響力的人員之幫助。」（註六七）慕維廉（William Muirhead ）和艾約瑟（Joseph Edkins ）兩位牧師為他們的接班人。「大英教會安立甘」（Church Missionary Society ）於一八四四年開始在上海傳教，波頓牧師（J. S. Burdon）為該會的負責人。

首先到上海傳教的美國傳教士中有裨治文（Dr. E. C. Bridgman ）和文惠廉（William Boone ）。前者是「公理教會」（Congregational Church ）的代表；他於一八四七年由廣州抵達上海，後者是「美聖公會」（American Episcopal Chcrch ）在滬首任代表，他首先在巴達維亞（Batavia）傳教，隨之到厦門，最後於一八四五年抵達上海。文惠廉為「英國國教會」（ Anglican Communion ）派至中國的首任主教級的傳教士。

「南浸信會」（Southtern Baptis Missionary ）最著名的傳教士是一八四七年抵達上海的晏馬太博士（Er. M.T. Yates）。因為他住在縣城的城墻下，所以對小刀會進攻該城的情形，從頭到尾一覽無遺。

其他著名的傳教士尚有以後成為大漢學家的馬丁博士（Dr. W.A. Martin），翻譯家兼教育家的亞蘭博士（Di. Young J. Allen）和「大英聖書公會」（British and Foreign Bible Society ）的代表威禮（Alexander Wylie ）。後者懂數種語言，他後來也成為一位大漢學家。

一八五五年，上海不過只有二十餘位傳教士。（註六八）然而到了二十世紀初期，這個城市却變成

基督教在華傳教事業的中心。在一九〇三年，上海的耶穌教會有下列幾個：（註六九）

1. 倫敦會
2. 大英教會安立甘
3. 美聖公會
4. 女公會（Women's Uuion Mission）
5. 美長老會（Board of Foreign Missions of the Presbyterian Chcrch U. S. A.）
6. 傳教士之家（The Missionary Home and Agency）
7. 上海基督會（Shanghai Foreign Christian Missionary Society）
8. 基督教青年會（General Committee of the Young Men's Christian Association of China, Korea and Hongkong）
9. 中文教義傳佈會（The Chinese Tract Society）
10. 救世主教會（Church of Our Saviour）
11. 基督聖心教會（Church of Sacred Heart of Jesus）
12. 美國南美以美國外傳教會（Southern Methodist Board of Foreign Mission U.S.A.）
13. 教義和知識傳佈會（Society for the Diffusion of Christian and General Knowledge among the Chinese）

14.內地會（China Inland Mission）

15.耶穌安息日浸禮會（Seventh Day Baptist Mission）

16.聯合教會（Union Church）

17.美國聖經會（Americat Bible Society）

18.上海聖喬治會（St. George's Society of Shanghai）

19.大英聖書公會

20.美國南浸禮會

天主教傳教士於十七世紀就開始傳教工作。由於一位中國天主教信徒　徐光啓的協助，他們在上海縣城內建立一座天主堂。在外國傳教士遭到迫害的時期，該教堂曾被決收，並改爲祭祀戰神之廟宇。一八六〇年，因爲孟托邦將軍（Le General de Montauban）對中國政府施壓力，使該教堂又歸還給傳教士。一八七五年，上海一地有一三二位天主教傳教士。（註七〇）

一九〇三年，上海有下列幾個天主教傳教會：（註七一）

1.公教會（Catholic Circle）

2.比利時傳教會（Procure des Missions Belges）

3.異域傳教會（Procure des Mission Etrangères）

4.味增爵會（Procure des Lazaristes）

5. 羅馬公教會（Roman Catholic Mission）

6. 西班牙奧斯汀傳教會（Spanish Augustinian Procuration）

耶穌會傳教士以英國人和美國人居多；天主教傳教士則以法國人最衆。宣傳教義爲傳教士最重要的目的，而保護傳教士則爲法國在華的主要政策之一。因此，法國在上海的傳教士人數爲其全部僑民的半數以上。一八七四年，在一九一位法國僑民中，就有九十七位傳教士；（註七二）一八七七年，在兩百位法僑中，就有一〇四位傳教士。（註七三）

除了宣傳教義之外，傳教士還從事其他工作。依照都隆・法維勒（Durant-Farvel）的看法，天主教傳教士一進入中國就急於建立學校和孤兒院；而耶穌教傳教士則首先創辦醫院和診所。（註七四）事實上，他們從事非宗教性的活動並沒有如此清楚的劃分。醫療和教育機構爲西方列强擴展其影響力的兩大工具，因此任何國家都不會忽視的。

爲華人創辦醫院並非完全以慈善爲目的，同時還別有用意。在二十世紀初期，法國的一位海軍軍醫德尼（Dr. A. Denis）曾如此說：「由於過去的經驗可知，在中國創辦的華人醫院爲擴展影響力的巧妙工具。英國人和美國人在最近幾年，曾大肆增建醫院。在上海現有的許許多多的醫院中，我曾參觀過五家。雖然缺乏華麗的裝璜，這些醫院都很舒適和實用。……法國在上海却毫無作爲。」（註七五）

耶穌教會以樂捐的方式在上海設立了幾家治療華人的醫院。第一家華人醫院，由倫敦會的洛克哈特於一八四三年設立。後來發覺該院的場地不佳，因而成立一個地方委員會，向外籍居民發動樂捐，以便在另一塊靠近北門的地皮上重建醫院。一八六一年，這塊地皮又被賣掉，醫院遷至山東路新地。此後，該醫院就被稱爲「山東路醫院」（Shangtung Road Hospital）。（註七六）

另一家傳敎士的醫院爲美聖公會於一八六六年所辦的「聖路加醫院」（St. Luke Hospital）。費城（Philadelphia）的西爾玆夫人（Mrs. Elizabath Shields）捐贈給湯姆遜牧師（E. H. Thomson）一五〇金元，做爲該院的開辦基金。湯姆遜和麥高文醫師（Dr. McGowan）先以平均每月五元的租金，開辦一家小診所。許多居住在上海的外國醫生都爲該診所提供免費服務，詹美遜醫師（Dr. Jamieson）即其一。由於地理位置的關係，該院最先稱爲「虹口醫院」。一八八〇年遷至新址後，方用現在的名稱。一八八二年哥玆拉夫醫院（Gutzlaff Hospital）與該院合併。（註七七）

天主敎傳敎士亦開辦幾家醫療機構：在聖母院有一家診所；在虹口有一家洋人醫院、一家華人貧民醫院和一家診所。虹口地區的醫療機構是由聖文生會（St. Vincent de Paul）的修女負責。（註七八）

創辦各級學校是傳敎士爲其祖國和宗敎利益所從事的主要活動之一。亨利・葛第葉說：「歐洲列强，除在歐洲本土外，競爭最烈之點，厥爲敎育事業。廣布其言語，商業卽隨其語言而蔓延。故欲求商業之發達，勢力之擴張，政治行動之猛進，其法唯在廣設學校。」（註七九）

法國駐上海總領事伯佐也表示相同意見。他說：「……面對着英國人和美國人在敎育事業方面所做的努力，假如我們還要維持我們現有的地位，就必須儲備敵手（指英美兩國）所早已安排好的未來的敎師，譯員和公務員，新的教育機構的創辦對我們來講是最爲迫切，一刻也不容延緩。」（註八〇）爲了宗教利益本身，學校的創辦亦爲一項必需而有效的措施。文惠廉於一八四五年在上海成立「美聖公會」時，其上級給他的訓令如下：「由於滿清帝國人口如此衆多，語言困難如此嚴重，我們所能派遣的傳教士和教育人員的人數是如此的少，而所花的維持費用是如此的多，所以基督教教育人員的訓練和組成勢在必行。我們需要一批合格的翻譯人員，特別是能發揮效率的傳教士。因此，兒童的教育成爲你的工作中，一個很重要的部門。」（註八一）

既然學校的創辦有這些好處，傳教士就會毫不遲疑地去做。在上海，耶穌教傳教士有一所高等教育機構——聖約翰大學（St. John University）。該大學於一八九四年由美聖公會創辦的。一九一三年擁有十八位外國籍教授、十位中國籍教授和一二六位學生。課程分藝科、理科、神學科、中文科和醫學科等五類。聖約翰大學於一九〇六年被承認爲美國大學，所給文憑與美國大學文憑相等。（註八二）

耶穌教傳教士還創辦了三十幾所小學及中學。聖約翰預備學校（St. John College）、麥倫書院（Medhurst College）、聖瑪利亞女學校（St. Mary Hall for Girls）等最爲著名。（註八三）

天主教傳教士所辦的教育事業有一個大學和十幾個中、小學。（註八四）「震旦大學」（Université "l'Aurore"）創辦於一九〇三年。當時有一羣「徐滙公學」（College St. Ignace）的學生——其中有一部份已經大學畢業，其他的幾乎都是高中畢業——找那時住在徐家滙的馬神父（P.

J. Ma），要求他教授他們拉丁文、哲學和科學。在他們的眼中，這就是歐洲教育的精神。這些學生的要求終於被接受。爲了滿足他們的需求，「震旦大學」遂應運而生。（註八五）

一九一〇年，震旦大學有十八位教授和九十位學生。幾乎全國各省都有學生到這所大學讀書。他們之中有商人、鄉紳、總督和其他滿清大小官吏的兒子和孫子。（註八六）

在初等和中等教育機構中，徐滙公學、聖方濟學校（Ecole St. François Xavier）（註八七）、聖若瑟學校（Institution St. Joseph）（註八八）、南洋公學、聖母院學校（Pensionnat Seng-Maug Yen）、晨星學校（Ecole de I' Etoile du Martin）、「天命學校」（Ecole de la Providence）（註八九）聖家學校（Institution de la Sainte Famille）等最爲著名。

專爲教育華童的中法學校（Ecole Municipale Française Pour les Chinois）於一八八六年成立，係法租界公董局所設。學科共分中學和小學兩級。公董局將教育權授諸天主教傳教士。都納德（Tournade）、加比添（Capitaine）、克羅謝（Crochet）、羅眉西（Lemercier）和羅加爾（Legall）等神父先後爲該校的負責人。（註九〇）

除了醫療機構和教育機構外，傳教士還從事其他文化和社會等方面的活動。耶穌教傳教士擁有兩家印書館：一家屬於「倫敦會」，由麥都思於一八四三年所創辦；（註九一）另一家則屬於「長老會」。（註九二）天主教傳教士有一家中、西文印刷所，並於一八九七年創辦一份中文週刊——益聞錄。（註

九三）

基於人道精神，傳教士還發起社會運動，反對社會上非人道的習俗。一八九五年至一九〇六年間，里托夫人（Mrs. Archibald Little）積極鼓動民意，反對中國婦女纏足的惡習。她成立「反纏足會」。該會的一些宣傳資料則由「基督教文學會」（Christian Literature Society）負責。（註九四）

在二十世紀初葉，「上海傳教士協會」（Shanghai Missionary Association）首先發起反鴉片運動。（註九五）

天主教傳教士在徐家匯有一個文化活動中心，包括一個藏書三萬册的圖書館，一個自然歷史博物館和一個氣象臺。（註九六）

徐家匯氣象臺於一八六九年設立。當時有兩位神父本欲重返北京傳教，他們在上海停留期間以隨身所帶的幾樣工具，開始氣象預測工作。氣象預測的結果馬上傳播給海上航行的船隻。由於颱風的預報，使海上船隻在那危險的大海裏能夠獲得安全。（註九七）

傳教士對教育方面的努力，無疑地，會幫助中國人吸收西方科學知識，以加速中國的現代化。然而，中國人對此並不十分讚賞。東方雜誌的一篇文章曾說：「夫中國近年以來，外邦人士多在中國興學，而以教會爲尤甚。然觀其所造人才，大抵以教徒爲最衆。卽有一二稍有智識者，亦大抵濡染西人風習，日以媚外爲事，不知愛國爲何物。則所造人才，亦僅供外人使用而已，於我國果何益乎。」

（註九八）

姚崧齡在「影響我國維新的幾個外國人」一書中所舉的例子，多多少少可證明上述的批評並不偏激。一八九二年，「麥提學校」（Mc Tyeire Home and School）大部份的學生都是上海地區富裕的家庭或與傳教士有關係的家庭之女兒。在那個時期，上海逐漸趨於繁榮。這個學校的女學生學到了一些西方少女的習慣，而成爲社會上的特殊階級。（註九九）

傳教士從事教育工作，不但引起中國人的不滿，而且連洋人亦時有怨言。一九一一年法國兒童進入法租界市立學校（Ecole Municipale Francaise）的人數比預定的少。對於這件事情，該校校長梅彭（Ch. Maybon）說：「這種現象仍基於兩種原因，其中之一爲修女們的行動限制了我們的招募。當我抵達此地時，由於人們對修女的教育方式怨聲不已中，我曾獲得許多家長的承諾。但後來這些承諾有許多無法兌現。有一件很巧合的事，就是那些無法實現其諾言的，都是家中同時有男孩和女孩。他們將男孩送到我們學校，可是却將女孩送到修女所辦的學校。此外，那些從法國剛抵達上海的公務員或商人，就會立刻受到修女的訪問，並要求其子女到教會學校讀書。」（註一〇〇）

法國傳教士被遣責企圖控制法租界地方行政。在一九〇四年七月十五日的報告中，法國總領事說：「這份報紙（指中法新彙報 Echo de Chine），就如閣下所知，主要是受到異域傳教會的支持而創辦的。該傳教會握有大部份的股票，並左右其編輯方針。」（註一〇一）

在上海，天主教傳教士開辦學校以宣傳教義，控制報紙來影響地方行政，甚至還從事利潤極厚的事業以賺進大量金錢。法國的「人道報」說：「耶穌會、味增爵會和其他傳敎會在上海法租界擁有三億法郎的財產。羅伯神父（Pere Robert）爲上海企業界重要人物之一，他留給後世一股銅臭味。比利時的神父擁有一五〇棟房屋，並在「霞飛」（Joffre）和「克里孟」（Clement）兩地建築大酒店出租。在道路兩側的地產，大部份是歸傳敎會所有。」（註一〇二）

「人道報」雖是一份激進的報紙，但其批評乃是根據事實。一九〇一年的一份法國領事報告，證實耶穌會爲法租界某些容納妓女的華人旅店之所有人。該會的傳敎士對於這些財產的收入覺得十分滿意，因此不欲讓其改建爲歐式的建築。他們以本身的開支十分浩大，再加上由於缺乏一位主敎而無法籌募款項爲藉口，拒絕租界行政當局拆毀這些旅店的要求。（註一〇三）

孤兒院、學校、醫院和其他慈善機構的維持，需要一筆巨額的款項。這是傳敎士，尤其是天主敎傳敎士，想盡辦法賺錢的原因。他們毫不考慮這種做法所引起的不良後果。

在中國人眼中，傳敎士爲外國勢力的代表。他們無法使中國人，尤其是官紳，相信其在華傳敎乃基於善意。中國官紳對於外國傳敎士慈善活動的動機，頗表懷疑和輕蔑。在談及外人在華傳敎的動機，蔣敦復以爲「西人必欲行其敎於中國，其用意蓋有在矣！中國之人未有信從也，彼固知之。是其術焉，佈小惠，使饜其口腹，行小善，使震其耳目，從而誘之，以美福厚報，使迷惑其心志，變易其肺肝，溺焉不返，不顧利害生死，惟吾說之是從。天下無事，或伏於莽，一日有事，入吾敎者，皆會響應，使而叛其長上，嗚呼！是禍中國也。」（註一〇四）

鄭觀應也以爲外國傳教士來中國，「非惟欲服中國人之心，兼爲洋商之偵探也」。（註一〇五）依照他的看法，下層社會華人之改信基督教，爲導致宗教事件的主要原因之一。（註一〇六）在這些事件中，傳教士之袒護華人教徒，更激起中國人排外的情緒。（註一〇七）

四、社會生活

(1)家庭生活

兩個租界的人口調查資料顯示，在洋人社會中，女性比男性少很多。就是在二十世紀初期，婦女的人數也只有成年男子的三分之一。因此在洋人之中，必定有許多獨身者。至於爲何有這種現象，單身漢和已婚者的家庭生活到底又如何等問題，頗值得探討。

上海的洋人大部份爲商人，而且各國商人之間的競爭相當激烈。就如某官方人士在一次宴會中所說：「上海是一個小的國際社會，一個分別註明每人奮鬥成果的社會。」（註一〇八）因此，結婚並不受到洋行老闆的鼓勵，而且正好相反。一位洋行的職員是不能有正式的婚姻，一張結婚喜帖幾乎等於一張辭職書。（註一〇九）

對於男人來說，最好是獨身工作，以免對於進出口貿易的籌劃和思考，因一位美麗女性的出現而受到干擾。她使商業生活發生紛亂，因此被認爲是當地外國居民的累贅。（註一一〇）

英國在華最大的商行——怡和洋行至今尚保存着此種傳統性的限制。這個洋人的經理，每週需工作

五十個小時以上。他們之中大部份是大學畢業，並先在該行實習過。在二十六歲以前，他們的婚姻須事先請求特准。（註一一一）

商業競爭迫使洋行老闆限制職員的婚姻。這種規定間接影響到外國家庭的數目。此外洋人想迅速發大財，然後馬上離開上海的觀念，上海的氣候令洋人難於適應，再加上距離歐美相當遙遠等因素使這種家庭數目減少的現象更加嚴重。

單身漢的生活究竟如何？在上海開埠後的最初幾十年，職員和老闆在「共餐制」（Junior Mess）的形態下，過着團體生活。這種制度有其利亦有其弊。它使洋行變成一個大家庭，使職員們的生活能夠安定。然而，由於每個人的生活習慣和嗜好各異，要他們生活在一起，並且每天至少在餐桌上見兩次面，實在不是件稱心之事。（註一一二）

因爲無法獲得正常的家庭生活，某些單身漢在中國女子中找個情婦，她們大都十分忠心而順從；（註一一三）另外一些人則從來自美國舊金山、奧地利和羅馬尼亞的洋娼中尋個臨時的伴侶。（註一一四）一般說來，上海外國籍單身漢的生活是相當靡爛。

當外國婦女的人數逐漸增加時，家庭生活也慢慢地取代了商行的生活。洋人社會因婦女和兒童人數的增加，而顯得生氣勃勃。往昔「共餐制」的生活，也因此大爲改變。在虹口和其他郊區新蓋了許多華麗的住宅和別墅。

十九世紀期間，上海的法國僑民中，單身漢所佔的比例相當大。在一八七七年曾高達百分之八十二。然而到了二十世紀初期，法國家庭的數目急劇增加，在一九〇七年三月十四日的領事報告中，拉達（Ratard）說：「自從我抵達上海任所以後，我們的年輕貿易商似乎逐漸對結婚和組織家庭一事，感到莫大的興趣。如今在總領事館周圍，已有一羣人數相當多的年輕聰明而又有教養的法國婦女。她們已大爲提高我們僑民在上海的社會地位。」（註一一五）

交通的發達使家庭生活更加舒適。此外，華僕對外國婦女的幫助也相當大。一位白人婦女親自做家事，是爲當時社會所不容許。一個洋人家庭通常雇有五——七位華僕，他們生活在一起，並能將家事處理得有條不紊。他們的工資總額只不過是歐美一兩位家僕的工資而已。

(2) 物質生活

雖然有關這方面的資料不多，但是我們仍然就所能找到的加以整理，以說明洋人物質生活的大概情形。首先談到住的方面。洋人的住宅在中國人眼中，可謂富麗堂皇，並有點神秘感。王韜在漫遊隨錄一書中，曾對麥都思牧師的住宅和其他的洋房有詳細的描述。（註一一六）他的描述顯示出，洋人住宅的建築和裝璜通常是中西合璧。

然而，在租界成立初期，尚有一些不講究美感的「買辦式」建築物。其中大部份是包括一個長走廊的平房，這是爲適應熱帶氣候而設計的。此類房屋的建造者只考慮到四個月炎熱的季節，而忽視在其餘的月份裏，房子仍需充分的陽光。（註一一七）

房屋的建造隨着租界的發展而漸有改善。在一八五七年，「倫敦泰晤士報」（Times）的特派員考克（Wingrove Cooke）已經看到英租界佈滿了華麗的房屋。這些建築物各依其所有人的嗜好而設計的。其形式有的是仿希臘的廟宇，有的是仿意大利的王宮。（註一一八）

除了這些華麗的王宮式建築之外，尙有一些較爲樸素，但仍相當寬敞的洋人住宅。雖然上海的地皮十分昂貴，這些房屋大部份擁有花園和後院的兩層樓建築物。樓上爲主人一家的臥房，僕人則住在附屬的建築物。在那寬敞的樓房裏，只不過住了四、五個人。（註一一九）這類的房子大部份是公務員，小商人或洋行職員的住宅。

至於海員和流浪漢，有些住在虹口地區髒亂的小客棧；（註一二〇）另一部份則住在舢板或者根本毫無固定的住所，他們是洋人社會中最受忽視的一羣。

談到吃的方面，上海的洋人仍過着西式的生活。譬如在一八八一年，上海法租界就有三家麵包店；麵包是用舊金山運來的麵紛做的。肉類相當便宜。而且在上海的市場還可買到所有西洋的蔬菜，如沙拉菜、各式各樣的包心菜、蘆筍、朝鮮薊和品質極佳的水果。一家英國人經營的牧場擁有一六八頭乳牛；每天可生產一千公升鮮奶和兩百英磅乳酪，鹹乳酪則由丹麥進口。（註一二一）

奢侈的生活對於洋人社會來說是非常重要。一八五一年冰塊相當缺乏。「北華捷報」刋登了好幾篇有關此事的報導，其中之一曾如此說：「我們知道，去年冬天所儲藏的冰塊很少。因此洋人社會無法在整個夏天享受到這種有益健康的奢侈品；此外，一個富有的專賣者是附近冰窖的所有人，他對其所儲藏的冰塊開出驚人的售價。」（註一二二）由「北華捷報」的報導，可知此事在當時是如何受到重視和關心。

對洋人來講，小轎車應該是他們惟一的交通工具。但是一位西洋人有權擁有一部黃包車。只有專爲華人設置的電車是他們的一項禁忌。（註一二三）

在社會生活方面，上海的洋人也自認爲是特權階級。然而上海的西式生活比歐美昂貴甚多。（註一二四）這是外國籍公務員比其中國籍同事的待遇要高出甚多的原因。非如此，實無法收支相抵。（註一二五）

一八七〇年以前可說是那些早期來華洋商的黃金時代，他們賺進大筆的財富，因此手頭相當濶綽。物價有增無減，但是上海的商業却逐漸落入華人手中，洋人的收入因而大受影響。由於過份驕傲而不欲改變其生活方式，而且又憎恨華人競爭者，因此洋人寧願花較多的錢向歐美或向上海洋人商店購買物品而不願讓華人賺錢。同時，此種傲性使他們仍保持着一羣家僕，雖然經濟情況不允許他們如此做。（註一二六）

某些洋人就是受這種傲性和生活方式所累，才會遇到許多財政上的困難。然而，由於「小額掛帳單據」（Chit）制度的存在，使他們還能裝濶。在上海，所有洋人的「小額掛帳單據」跟銀行發行的鈔票有同等效用。付帳時只要在這種單據上簽個字就行，然後等到他們方便的時候再結帳。

「小額掛帳單據」制度使許多洋人負債纍纍。一九〇九年，法國駐滬總領事曾說：「最近幾年，在我的轄區內，法國人和受法國保護者的人數大增。他們之中，有些人或許並非十分不誠實，但却由於故

意或者缺錢，而不願付日常生活所欠的小債。」（註一二七）

上述的領事報告顯示，在二十世紀初期，上海的法國人和受法國保護者負債的人數相當多。雖然資料不全，但亦可推測其他國籍的外國人也有同樣問題。這是他們奢侈的生活方式所導致的必然結果。

(3)閒暇活動

當太平軍尚未在租界附近出現之時，上海租界的生活就猶如英國鄉村小鎮一般的平靜。人們所感到的不安和憂慮皆微不足道。人與人之間的交往還是十分單純。

每逢「聖安德魯」和耶誕等節目，照例會有一番熱烈的慶祝。但是節日一過，人們又回到同樣嚴肅的生活。有位洋人說，在其居留的那段期間，也就是租界成立的最初二十年，他只知道發生過一位商人酒醉鬧事的事件。（註一二八）

洋人的生活隨租界的繁榮而逐漸趨於糜爛。大部份洋人喜歡過着聲色犬馬的生活，很少有人尋求和欣賞文化性的活動。英領事派克在寫給其留在英國的夫人之信中曾說：「這裏的居民很難於彼此交談。除非有位女士要唱歌，玩遊戲或能領導做某些消遣，節日通常顯得十分淡而乏味。女士們對於跳舞的感染性相當强，她們能隨着音樂的節拍而舞個不停。」（註一二九）

生活於商業社會中，人人都十分勤勞。在煩人的商務之餘，從事一些輕鬆的活動也是無可厚非。那麼在酒、女人和跳舞之外，洋人是否還從事一些較正經的消遣呢？答案是肯定的。上海的洋人社會尚存有文化和戶外的活動。

閱讀戲劇音樂和電影爲四類主要的文化性消遣活動，上海的四個圖書館爲喜愛閱讀者之好去處。一八四九年成立的「上海圖書館」（Shanghai Library）擁有書籍一、二七六册，雜誌和報紙三十餘種。（註一三〇）這個圖書館因過份忽略嚴肅性的讀物，所以教育性不如娛樂性。（註一三一）它並非大衆化的文化機構，（註一三二）因此受公共租界工部局的補助數額甚少。（註一三三）「上海俱樂部」（Shanghai Club）附設的圖書館所佔的面積大，設備華麗，所藏的圖書可適合不同口味的讀者。其閱覽室十分寬敞，陳列着來自世界各地的報章雜誌。一八四七年成立的徐家匯圖書館藏書三千册。（註一三四）「亞洲研究會」（Asiatic Society）的圖書館則藏有大部份有關遠東，特別是中國方面的圖書。

一八五〇年，業餘劇團開始活動。他們表演的劇院是由倉庫改裝的。一八六六年業餘劇團俱樂部（Amateur Dramatic Club）成立，在其存在的四十餘年期間，這個俱樂部對公衆的正當娛樂貢獻甚大。除了這個英國人的劇團外，尚有法國人和德國人所組成的業餘劇團。（註一三五）電影和音樂欣賞也是洋人室內的正當消遣活動。

至於戶外消遣活動，則有打獵、賽馬、划船、網球、板球等等。西洋人，尤其是英國人，甚至在國外也要從事其所熟悉的運動。

長江下游沙舟之處，蘆葦和茅草叢生，野鴨、候鳥和大龜到處可見；上海對面的寧波，其山坡和小谷爲野雉的世界。這是洋人打獵的好去處。英商爲了在長江和運河打獵，特別設計一種華麗的船隻，可

供打獵、遊山玩水和休息之用。（註一三六）

如果說打獵是資本階級所專有的消遣，那麼賽馬則是屬於大衆化的活動。每至賽馬季節，賽馬場一定吸引了無數樂於此道的人。因爲中國缺乏賽馬用的馬隻，所以只好以蒙古種的馬權充。「賽馬俱樂部」（Racing Club）可以說是在所有運動性俱樂部中最爲出色，因它擁有一個相當漂亮的跑馬場和看臺。

每逢節日，划船俱樂部常在黃浦江或在蘇州河上，舉行划船比賽，以增加節日的輕鬆氣氛。網球和板球等運動也是由其本身的俱樂部主持。

洋人在上海所從事的運動可說大部份是屬於英國式。這並不值得驚奇，因爲英國人最先抵達上海，而且其人數在洋人社會中構成壓倒性的優勢。

五、結論

如果說上海租界社會的最上層階級爲洋人，那麼洋人之中，其社會地位亦有等級之分。領事們挾其政治和司法的特權，在市政、經濟和社會等方面發生很大的影響力，而成爲洋人社會的統治階級，他們以此種特權和影響力。盡量爲其本人，爲其本國僑民或爲其本國政府在各方面謀求最大的利益。有時爲了達到目的，往往不擇手段，因而助長社會的罪惡。

洋商，尤其是大洋行的行東，則利用其經濟方面强大的勢力，擠入市政的管理機構，進而操縱市政。

他們可說是領事的得力助手。雖然工部局或公董局有時想擺脫領事的控制，但總無法如願。賺錢爲商人的主要目的，他們參預市政，也是想要利用行政上的權力，以求得更高的利潤。他們與領事，買辦和華商之間所建立的社會關係，亦不外乎此。這種不顧一切後果，只企求能迅速發大財的觀念，是上海成爲「冒險家的樂園」的主要原因之一。

傳教士在洋人社會的地位很特殊。他們受其本國領事的保護，並且能得到洋人的尊敬。他們來上海的主要目的在於宣傳教義。此外，還辦理一些教育和慈善事業。我們無法否認這些事業對華人的好處，同時也相信傳教士並無意做爲歐洲列强侵華的先鋒，然而他們從事這些事業，除了宗教的目的之外，也在廣佈其本國在華的影響力。而且爲籌募教育和慈善事業的基金，有些傳教士還經營一些不名譽的企業，社會風氣難免因而會受到影響。

洋人社會地位最低的是海員和流浪漢。他們不是住在低級的小客棧，就是居無定所。一般洋人所享受的物質生活，可說與他們無緣。

附　註

註　一：此時只有英美法三國在上海設置領事館。

註　二：King, C., The Treaty Ports of China and Japan, a commercial guide to the open ports of those countries (Trübner and Co. London, 1867), P. 380.

註一三：The North China Desk Hong List, 1903（N. C. Herald, Shanghai）

註一四：公共租界由領事團共同管理；法租界由法國領事大權獨握。

註一五：Archives diplomatiques françaises, C. P. -Chine（法國外交部檔案有關中國部份的政治報告），vol. 262, P. 56.

註一六：Pillaut, J., Manuel de droit consulaire（Berger-Levrault, Paris, 1912）, P. 350.

註一七：Archives diplomatiques, C. C. -Shanghai（法國外交部檔案有關上海及領事及商務報告）vol. 14, P. 16.

註一八：Archives diplomatiques, C. P. -Chine, vol. 258, P. 4.

註一九：Idid., vol. 261, P. 52.

註二○：Idid., vol 598, p. 210.

註二一：Murphey, R., Shanghai, Key to Modern China（Harvard University Press, Cambridge, 1953）, P. 8.

註二二：Archives diplomatiques, C. P. -Chine, vol. 598, P. 117.

註二三：一九○五年公共租界會審公廨事件即爲一列。

註二四：聶寶璋，從美商旗昌輪船公司的創辦與發展看買辦的作用，頁九三○。

註二五：一公頃約等於十六華畝。

註二六：Archives diplomatiques, C. C. -Shanghai, vol. 8, P. 40-42. 十八歲的皮少耐初抵上海，時身上一文不名。他首先在一家洋行（Chartron Monnier & Co.）當職員，隨後升爲業務專員。他曾經營絲業，但虧本甚多。

註一七：Hauser, E., Blancs et Jaunes à Changhai（La Nouvelle Edition, Paris, 1905）, P. 91.

註一八：Archives diplomatiques, C.P. -Chine, vol 269, P. 182.

註一九：France de Shanghai, Cahiers Franco-Chinois（decembre 1959）, P. 127.

註二〇：Archives diplomatiques, C.P. -Chine, vol. 272, P. 79.

註二一：Miller, G.E., Shanghai, the Paradise of Adventurers（Orsay Publishing House Inc., New York, 1937）, P. 91-92.

註二二：敏體尼（Charles de Montigny）於一八四七年正月二十日被任命爲駐上海領事；一八五五年十月二十二日升爲一等領事；一八五五至一八五七年任駐泰國使節團代表；一八五八年七月五日升總領事；一八五九年派駐廣州；一八六八年九月六日去世。

註二三：Lane-Poole, S., Sir Harry Parkes in China（Cheng-wen Publishing）Co. Taipei, 1968）, P. 378.

註二四：中英天津條約第四十六款之規定：中國「各口收稅官員凡有嚴防偷漏之法，均准其相度機宜，隨時便宜設法辦理，以杜弊端。」

註二五：清初及中期對外交涉條約輯（國風出版社，臺北，民國五十三年），二〇四頁。

註二六：Lyster, T., With Gordon in China（T. Fisher Urwin, London, 1891）, P. 117. 這是一封一八六二年十二月二十七日寫給其母親的信。

註二七：Archives diplomatiques, C.C.-Shanghai, vol. 15, P. 195.

註二八：L' Echo de Chine, 8 juin 1905.

註二九：Foo, C.P., Etude historique et critique sur le régime douanier de la Chine（Li brairie Orientale, Paris, 1930), P. 120.

註三〇：鄭觀應，盛世危言增訂新篇（學生書局，臺北，一九四七）五四八至五四九頁。

註三一：中山縣志初稿（學生書局，臺北，一九四七）十八頁。

註三二：譬如一九〇五年中國關稅收入達關銀三五、一一一、〇〇四兩。

註三三：鄭觀應，前引書，五四八至五四九頁。

註三四：至一九〇六年尚未攤還完的貸款有下列幾筆：

1. 一八八六年七月向匯豐銀行貸款七六七、二〇〇銀兩，分年攤還，最後一期為一九一七年三月三十一日。
2. 一八九四年向匯豐銀行貸款一〇、九〇〇、〇〇〇銀兩，最後一次攤還日期為一九一三年十一月一日。
3. 一八九五年二月向匯豐銀行貸款三百萬英磅，最後攤還期限為一九一五年十二月三十一日。
4. 一八九五年四月向麥加利銀行貸款一百萬英鎊，平均分十五期攤還。
5. 一八九五年六月向德國銀行（National Bank fur Deutschland）貸款一百萬英鎊，自一九〇一年至一九一五年分十五期攤還。
6. 一八九五年七月向法俄等國銀行貸款四億法朗，自一八九六年起分三十六年攤還。
7. 一八九六年三月二十三日向匯豐銀行和德華銀行貸款一千六百萬英鎊，自一八九七年起分三十六年攤還。
8. 一八九八年三月又向匯豐和德華銀行貸款一千六百萬英鎊，自一八九八年起分四十五年攤還。

註三五：Cordier, H., Les Douanes Impériales Maritimes Chinoises (Toung Pao. 1906) P. 522-525.

註三六：鄭觀應，前引書，五五一至五五二頁。

註三七：**Rasmussen, A. H., China Trader (Constable, London, 1954), P. 16.** 作者本人曾在中國海

關服務很久，因此對之瞭解甚深。

註三八：Foo, op. cit., P. 121.

註三九：鄭觀應，前引書，五五四頁。

註四〇：N. C. Herald, January 26, 1867.

註四一：The North China Desk Hong List, P. 424-451.

註四二：Archives diplomatiques, C.C.-Shaghai, vol. 2, P. 266.

註四三：孫毓棠，中國近代工業史資料，十六至十七頁。

註四四：Maybon et Fredet, Histoire de la Concession Francaise de Changhai. (Libraire Plon, Paris, 1929), P. 362.

註四五：Archives diplomatiques, C.P.-Chine, vol. 262. P. 209.

註四六：Ibid., vol. 269, P. 130.

註四七：Fistié, P., Le Reveil de l'Extreme-Orient (Les Presses Universitaires, Avignon, 1934), P. 63.

註四八：Documets diplomatiques , affaire de Chine,juin-oct: 1901, annexe IV.

註四九：汪敬虞，中國近代工業史資料，一六五頁。

註五〇：Fauvel, A.-A., La Société Etrangère en Chine (Extrait de Samedi- Revue, Paris, 1889), P. 27-28.

註五一：汪敬虞，前引書，序六頁。

註五二：Ibid., P. 330-331, Hao Yen-p'ing, The Comprador in the Nineteenth Century China（Harvard University Press, Cambridge, Mass., 1969）P. 23.

註五三：雷米（D. Remi）於一八一六年十一月一日在伊蘇丹（Issoudun）出生。在廣東居住六年之後，於一八四八年到上海從事鐘錶和酒的小買賣。一八六一年與駐上海法國領事之女兒結婚。此後他在其姓上加上妻姓而成爲（Remi de Montigny.）

註五四：D'Hérisson, le comte, Jounal d'un interprète en Chine（Pall Ollendorff, Paris, 1897）, P. 66.

註五五：Archives diplomatiques, C.P.-Chine, vol. 262, P. 209.

註五六：孫毓棠，前引書，一一七頁。

註五七：鄭觀應，前引書，七〇一頁。

註五八：Hao, op. cit., P. 168.

註五九：汪敬虞，十九世紀外國在華銀行勢力的擴張及其對中國通商口岸金融市場的控制，五十七頁。

註六〇：Hao, op. cit., P. 26-27

註六一：聶寶璋，前引書，九十三頁。

註六二：公共租界最高行政機構爲工部局，法租界爲公董局。兩局皆由公董組成。

註六三：Hauser, op. cit., P. 232.

註六四：汪敬虞，前引書，三六二頁。

註六五：Archives diplomatiques, C.P.-Chine, vol. 265, P. 49.

註六六：Hraser, Mrs. Hugh, A Diplomatist's Wife in Many Lands（Dodd, Mead & Co., New York, 1911）, vol. II, P. 97.

註六七：Pott, F.L.H., A Short History of Shanghai（Kelly & Walsh limited, Shanghai, 1927）, P. 89.

註六八：Thompson, R.W., Griffith John, the story of fifty years in China（The Religion Tract Society, London, 1906）, P. 46.

註六九：The North China Desk Hong List, 1903.

註七〇：Archives diplomatiques, C.C.-Shanghai, vol. 11, P. 48.

註七一：同註六十九。

註七二：Archives diplomatiques, C.P.Chine, vol. 261, P. 5.

註七三：Ibid., vol. 262, P. 13.

註七四：Durant-Farvel, Les établissements de bienfaisance indigènes et les institutions sanitaires etrangères en Chine（Germer-Baillière, Paris, 1882）, P. 32.

註七五：Archives diplomatiques, C.P.-Chine, vol. 271, P. 20.

註七六：Pott, op cit. P. 91.

註七七：Ibid.

註七八：Tournade, L., Quelques notes sur l'état et les progrés de la Mission du Kiang-nan（Chine）en 1897（Imprimerie M-P. Leroy, Paris, 1897）, P. 7-8.

註七九：亨利高登，上海之外人教育事業，東方雜誌，十一卷，第三號，十七頁。

註八〇：Archives diplomatiques, C.P.-Chine, vol. 265, P. 51.

註八一：Lamberton, St. John University, P. 1.

註八二：同註七十九。

註八三：同前註：Pott, op. cit., P. 123; N.C. Herald, Jan. 31, 1883; Jan. 19, 1906; Crow, Handbook for China.

註八四：同註七十九。

註八五：L'Echo de Chine, 5 mai 1910.

註八六：Ibid 12 mai 1910.

註八七：一八七四年由耶穌會教士創辦的聖方濟學校於一八九三年時有學生八七五位，其中六四三位為洋童，二三二位為華童。

註八八：聖若瑟學校於一八七一年成立，由天主教女教士（Dames Auxiliatrices du Purgatoire）所經營。學生均是歐洲籍的女孩。

註八九：該校於一八七五年由天主教女教士所創辦，可說是一個收容混血兒的場所，以職業訓練為主。

註九〇：Archives diplomatiques, C.P.-Chine, vol. 306, P. 6-7.

註九一：孫毓棠，前引書，一一三頁。

註九二：Chinese Recorder, vol. VI, P. 304.

註九三：Tournade, op. cit., P. 7-8.

註九四：Richard, T., Forty-five Years in China（T. Fisher Union, Ltd., London, 1916）, P. 227-228.

註九五：N.C. Herald, March 6, 1908.

註九六：Vincent, Dr. E.L' influence française en Chine et les entreprises allemandes（A. Rey

Imprimerie de l'Académie, Lyon, 1914); P. 6-7.

註九七：Soulie de Morant, G., L'epopée des Jésuites français en Chine (Grasset, Paris, 1928) P. 278.

註九八：東方雜誌，第一卷第九期（一九〇四年九月）。

註九九：姚崧齡，影響我國維新的幾個外國人（傳記文學出版社，臺北，一九七一）七十頁。

註一〇〇：Archives diplomatiques, C.P.-Chine, vol. 308, P. 236.

註一〇一：Ibid., vol. 327, P. 189.

註一〇二：Cahiers Franco-Chinois (déc. 1959), P. 125.

註一〇三：Archives diplomatiques, C.P.-Chine, vol.327, P. 124-129.

註一〇四：呂實強，中國官紳反教的原因（臺灣商務印書館，臺北，一九六六），六十八頁。蔣敦復爲一上海名流，曾在英國教士慕維廉家中當過教師，並幫助慕氏翻譯其所著「大英國志」（History of England）

註一〇五：同前註，二十頁。

註一〇六：鄭觀應，前引書，二三四頁。

註一〇七：Archives diplomatiques, C.P.-Chine, vol. 328, P. 43-44.

註一〇八：Dano, L., De Paris à Shanghai (Edition de Pensée Latine, Paris, 1927), P. 158.

註一〇九：Fredet, J., Quand la Chine s'ouvrait (Imprimerie de Tou-so-w, Shanghai, 1943), P. 38.

註一一〇：N.C. Herald, November 14, 1868.

註一一一：讀者文摘（一九七三年元），月八十頁。

註一一二：N.C. Herald, November 24, 1893.

註一一三：Durand-Fardel, op. cit., P. 25.

註一一四：Fauvel, op. cit., P. 31.

註一一五：Archives diplomatiques, C.P.-Chine, vol. 308, P. 22.

註一一六：上海春秋（中國圖書編譯社，香港，一九六八）上冊，十四頁。

註一一七：Pott, op. cit., P. 22.

註一一八：Lavollée, C., La Chine Contemporaine（Michel Lévy Freres, Paris, 1860）, P. 237.

註一一九：Galle, P.E., Shanghai au Point de vue médical（Adrien De-lahye, Paris, 1875）, P. 17.

註一二〇：黃式權，淞南夢影錄（著易堂，上海）九十七頁。

註一二一：Millot, E., La France dans l'Extremc-Orient-La Concession Française de Changhai（Challamel, Aine Editeur, Paris, 1881）, P. 17-18.

註一二二：N.C. Herald, June 7, 1851.

註一二三：Meurville, R. La Chine du Yang-Tzé（Payot, Paris, 1918）, P. 32.

註一二四：在"La socité étrangére en Chine"一書中 Fauvel 觀察到，在中國的歐式生活比在歐洲貴上四倍。

註一二五：一八九三年，法租界巡捕房有西捕四十一位，華捕七十一位。前者的薪津總計為二四、九二六銀兩，後者則只有八、五八〇銀兩。換句話說，西捕的薪水為華捕的五倍。

註一二六：Fauvel, op. cit., P. 5-6.

註一二七：Archives diplomatiques, C.P.-Chine, vol. 599, P. 197. N.C.

註一二八：N.C. Herald, March 1, 1889.

註一二九：Fredet, op. cit., P. 38.

註一三〇：Pott, op. cit., P. 86.

註一三一：L'Echo de Chine, 13 août 1905.

註一三二：N.C. Herald, April 18, 1874.

註一三三：一九〇四年工部局只補助上海圖書館一千銀兩，但卻補助交響樂團二三、三七二銀兩。

註一三四：Raquez, A., Au pays des Pagodes（Imprimeris de la Prèsse Orientale, Shanghai, 1900）, P. 235.

註一三五：Millot, op. cit., P. 15.

註一三六：Tissot, V., La Chine, d'après les voyagers les plus récents（Librairie Furne, Paris, 1885）, P. 145-147.

第三章　華人社會結構

上海租界的華人社會主要由商人、買辦和工人等組成的。他們的存在與洋商的需要完全配合。大部份的華商供應原料給洋商，並向他們購買進口的商品；買辦擔任華商與洋商貿易的媒介；最後，工人則爲洋商工商活動之廉價勞力。

一、華商

與洋商的活動一比較，華商當然顯得黯然失色，但後者却是華人社會的領導階級。爲瞭解華商在上海租界所擔任的角色，首先須探討他們跟外國同僚和跟華官之間的關係，他們的出身及彼此間的關係，他們的困難及對社會的貢獻。

華商與其外國同僚之關係主要基於下列兩點：在外國企業投資和借洋商之名來經營自己的企業。華商在外國企業投資的範圍相當廣泛：從航運、保險、銀行和倉庫到棉紡織或絲紡織、瓦斯和電力；從資本數百萬銀兩的大企業到資本十分薄弱的小企業，凡是有洋商活動的地區，都可發現華商投資的絲塵馬跡。（註一）到光緒二十年（一八九四）爲止，華商曾參與五分之三的外國企業之經營。在這些企業中，他們曾投入四億銀兩的資本。（註二）

華商在外國大企業的投資額相當驚人。如非華商的投資，美商旗昌洋行（Russell & Co.）就無法創辦「旗昌輪船公司」（Shanghai Steam Navigation Co.）。旗昌洋行的「金利源倉棧」（Kin-Lee-Yuan）的大部份資本爲著名的絲商顧春池所提供；一家華商的大商行「李記」（Lee Kee）則爲「揚子保險公司」（Yantze Insurance Association）的主要股東。總之，在保險和輪船公司的一百四十萬銀兩的資本總額中，旗昌洋行只佔六萬銀兩。（註三）

對外國銀行的投資一事，華商也相當感興趣。羅壽嵩爲滙豐銀行（Hongkong and Shanghai Banking Corporation）的華股代表。（註四）光緒二十一年（一八九五），英商惠通銀行（The Trust and Loan Company of China, Japan and the Straits Ltd.）的十萬股之中，華商就持有五萬二千六百股。（註五）

光緒二十一年出現的四家外國紗廠，無一例外，皆有中國股東。大買辦朱葆三爲「國際紗廠」（International Cotton Manufacturing Co.）的董事；原爲怡和洋行（Jardine, Matheson & Co.）譯員，後來當上買辦的孫仲英，和瑞記洋行（Arnold Karberg & Co.）買辦吳少卿，爲瑞記紗廠（Soy Chee Cotton Spinning Co.）的董事；上海絲業公會會長邵琴濤和「德山」（Tee San）絲行老闆，爲怡和紗廠（EWO Cotton Spinning and Weaving Co.）的董事；

「杜金山」（Do King San）和「鍾良越」（Chung Liang-yu），爲老公茂紗廠（Laon Kung Mow Cotton Spinning and Weaving Co.）的董事。（註六）

絲廠的情形亦是如此。怡和絲廠（Jardine Matheson & Co., Silk Filature）百分之六十的股份掌握在華商手中。因此，該廠六名董事中有半數爲華人。另外一家英國絲廠是由湖州絲商和公平洋行（Iveson & Co.）合辦的。（註七）在這種華洋商人合辦的絲廠，通常是華商借用洋商之名而已。瑞倫絲廠（Saey Lun Silk Filature）名屬德商，實歸吳少卿經營。吳氏爲一買辦，同時也是一位十分著名的絲商。

在許多外國企業中，華商所投的資本雖然相當多，但在企業的管理方面却無法與外國籍股東享受同樣的待遇。因此導致英商惠通銀行的外國籍股東時常忽視掌握該行大部份股權的華商之利益。（註八）

雖有上述不平等的情形存在，華商還是毫不遲疑地繼續向外國企業投資。其故安在？因爲這是一種逃避華官的干預（註九）和尋求外國領事保護的方式。（註一〇）此外，假借洋商之名的企業，其股票可自由交易。（註一一）關於這方面，鄭觀應在「盛世危言」一書中，曾加詳述。（註一二）

華商與中國官吏之關係也是建立在商業的基礎上。在李鴻章的贊助和盛宣懷的倡導下，陸續成立三種半官半商的企業——華盛織布總局、中國通商銀行和招商局。在上述三種企業中，華商投入不少的資本。現以招商局爲例，來說明滿清官吏如何招募華商入股。

眼看着許多外國輪船公司大都依賴着華商的投資而獲利，於是盛宣懷向李鴻章和兩江總督沈葆禎建議，「由官設局招徠，俾華商原附洋股逐漸移於官局，實足以張國體而弭隱患。」（註一三）李鴻章欣然同意，並應盛宣懷之請求，「號召熟悉商務之粵紳唐廷樞、徐潤等爲總董，倡招華股。」（註一四）

同治十二年（一八七三），唐廷樞被任命爲招商局總董。他上任後就碰到募集資金的難題。因爲李鴻章要華商共同負擔企業的風險，所以該局就用有限股份公司的名義組成。李鴻章還希望唐廷樞能在上海商業界募集到一百萬銀兩的資本。唐廷樞只好盡力朝此目標去做。

在同治十二年——十三年期間，他募到四七六、〇〇〇銀兩的資本。一八七七年，資本總額已增至七五一、〇〇〇銀兩，其中大部份來自買辦商人。除了唐廷樞本人之外，他的朋友徐潤也在同治十二——十三年間，以十二萬銀兩之資本入股。光緒七年（一八八一），當資本總數達一百萬銀兩之時，徐潤本人卽佔二十四萬銀兩。光緒九年，招商局的資本增加一倍，而徐潤的投資額亦隨之增加一倍。光緒二十三年（一八九七），在一封致李鴻章的信函中，徐潤承認，除了他本人所出的四十八萬資本之外，他還在其親友中替招商局募集了五十——六十萬銀兩之數。（註一五）

由於華商的積極參與，使招商局後來能成爲法租界江岸最好地段的唯一主人。（註一六）該局的迅速擴展，引起法國駐滬總領事反對該局繼續兼併其他鄰近地區。（註一七）

在招商局的股東之中，有如李鴻章和沈葆楨之流的滿清重要官員，（註一八）也有像唐廷樞和徐潤之流的買辦商人和其他許許多多的華商。（註一九）這種對同一企業的投資，使華商與中國官吏發生商業上的關係。

華官也時常大力援助華商。光緒八年，在一封給左宗棠的信中，李鴻章認爲必須保護中國的企業，使之能跟外國企業一爭長短。（註二〇）在宣統元年的危機，上海道台曾向外國銀行借貸大量金錢，以救濟頻於破產邊緣的華商。（註二一）

爲鼓勵華商創辦大企業，淸廷設置一些榮譽性的官銜。在十九世紀和二十世紀初，資本達到千萬元的企業可說絕無僅有，就是超過百萬元的也不多。在這種情況下，華商企業是很難與擁有巨額資金的外國企業競爭。（註二二）由於盛宣懷的倡議，（註二三）商務部於光緒二十九年頒布「獎勵公司章程」，依照投資數額的多寡，分別授「顧問官」或「議員」之官銜給華商或其子孫。根據這個章程，擁有此等官銜之華商，地方官府必須善爲款待。（註二四）

「獎勵公司章程」頗能鼓勵華商投資於現代企業，因爲這些榮譽官銜可迅速提高他們的社會地位，而且也可在工商活動方面得到不少的便利與好處。

上海華商有各種不同的出身。許多華商曾經擔任過洋行的買辦，因而有買辦商人之稱。如唐廷樞曾爲怡和洋行的買辦；徐潤，寶順洋行（Dent & Co.）和太古洋行（Butterfield & Swire）的買辦；朱志堯，東方滙理銀行（Banque de l'Indo-Chine）的買辦；祝大椿，怡和洋行的買辦。

有些華商則出自官宦之流。如嚴信厚在李鴻章的讚賞和推薦下，先後在河南和天津掌管塩務。光緒十一年以後，他陸續在寧波和上海創辦了好幾家紗廠。光緒二十八年（一九〇二），他創立「上海商會」，並被推選爲會長。（註二五）總兵黃有貴和刑部主事彭樹森也於光緒二十八年合辦一家鋼鐵工

廠。（註二六）

另外有些華商則由職員或學徒出身。如榮宗敬、榮德生兄弟在未成爲許多家麵粉廠和紗廠的老闆之前，曾當過錢莊的職員；（註二七）葉澄衷則先在家鄉的一家油廠當學徒，隨之到上海的一家雜貨店當店員，但他後來却是上海和漢口一家火柴工廠、幾家絲廠和幾家商店的老闆。（註二八）

由於缺乏詳細的資料，我們對於華商省籍的分佈，只能有個概括性的瞭解。上海的華商大致來自江蘇、浙江、廣東、安徽和福建等省，其比例與兩租界華人人口大致相符。大部份的茶商來自廣東，（註二九）而絲商則以江蘇人居多。（註三〇）閩粵商人在上海開了數百家當舖，（註三一）而浙江商人則在金融界居領導地位，例如先後擔任上海第一家本國銀行——中國通商銀行華買辦的陳笙郊和謝綸輝都是原籍浙江。（註三二）

清末，「股份有限公司」制度在中國並不普遍。華商彼此間仍然停留在家族或同鄉的關係，換句話說，那就是同一家族或同一地區的人大致從事同樣的行業。榮宗敬、榮德生兄弟，嚴信厚嚴子均父子（註三三）都是經營同樣的企業。

家族或同鄉的組織在錢莊的人事安排方面表現特別顯著。一般人都先將自己的兒子、兄弟和近親安排在重要的職位上，隨後再推及朋友和同鄉。因此，紹興派錢莊的經理通常是父子相傳。現略擧數例：（註三四）

存德錢莊：張容洲、文波、啓梅祖孫三代。

安裕錢莊：王若釆、鞠如父子。
承裕錢莊：謝綸輝、韜甫父子。
聚康錢莊：王藹生、懷廉父子。
同潤錢莊：裴雲卿、鑑德父子。
寶豐錢莊：沈景梁、浩生父子。
益大錢莊：何粱甫、晉元父子。
衡通錢莊：陳煥傳、鴻卿父子。
振泰錢莊：金少筠、汝洲父子。
惠昌錢莊：胡楚卿、厚甫父子。

此外，尚有一個家族擁有數個錢莊而成爲財力雄厚的錢莊集團。上海有九個錢莊集團，其中五個屬於浙江商人，另外四個則屬於江蘇商人。每個家族至少擁有四個以上的錢莊。（註三五）

至於華商所遭到的困難大致有二：買辦的剝削和洋商的壓迫。某些人在上海設置棧倉以供各省商人儲存茶和絲之用。當貨已到倉之時，買辦就去尋找貨主以安排貨物之拍賣，並乘機加以剝削。當那些商人返鄉之時，已虧損甚多。（註三六）

在資本的借貸方面，華商也間接地受到買辦的剝削。根據「拆票」制度，如果外國銀行以日息三錢借一千銀兩給錢莊，每月的利息只不過九銀兩。但由於買辦的玩弄花樣，往往使日息超過三錢。買辦以正常的利息三錢交給自己銀行的老闆，而將其餘的錢據為私有。被剝削的錢莊就以提高利率的方式，再將被剝削之數轉嫁給向自己借錢的華商。最後，華商就如此變成買辦剝削的眞正犧牲者。（註三七）

在外國資本家的壓迫之下，許多上海本地的小商人常因面臨困境而宣告破產。杜月笙之父——杜文卿所開的一家米店就遇到這樣的困難。（註三八）

洋商的狡猾和詭計往往使華商遭受損失。譬如某些洋商購買貨物並將之裝載於船上，但並未立即付款。假如華商向他們要求付款，他們就以貨物的品質不良為藉口而要求減價。（註三九）

對於壓迫和合併華商企業，外國資本家也一樣奸計百出，不擇手段。華商的上海製冰廠（Shanghai Ice Company）被洋商吞併即為一例。（註四〇）當交易還正在談判之時，洋商在「北華捷報」（N. C. Herald）刊登新聞，宣稱華廠的產品為不潔和充滿污穢的東西。（註四一）上海製冰廠因此遭受嚴重的打擊，而不得不以極低的價格，廉售給洋商。（註四二）

雖然困難不少，但是大多數的華商尚能使事業蒸蒸日上，甚至有些華商還發了大財。除了贏利的工商業之外，某些華商還經常參與有益社會的活動。招商局的股東出資創辦了「南洋公學」；（註四三）上海的華商時常出錢救濟上海的貧民及中國其他地區的災民。（註四四）

紅十字會是滿清官吏與華商合作的成果。在盛宣懷和呂海寰（註四五）的倡議和華商的贊助下，（註四六）中國紅十字會於宣統元年正式成立。（註四七）光緒三十年（一九〇四），中國紅十字會尚未成立之前，中西各國官紳合創上海萬國紅十字會。（註四八）

二、買辦

法文「上海日報」（Journal de Shanghai）社長黃德樂（Jean Fontenoy）對買辦所下的定義爲：「總管，白人與本地人的媒介。譯員兼顧問；叛徒。」（註四九）在上海的華人社會，買辦是一個新的階級，其地位相當重要。我們僅就其來源、功能、與洋商和華官之關係、財富和彼此間的關係等方面略加探討。買辦除了作爲華洋商人之媒介外，通常本身也獨自經營工商業，他們在這方面擔任何種角色，也是值得研究的問題。

「買辦」（Comprador）由來已久，其功能可溯至十六世紀葡萄牙人和印度人接觸之時。在中國，買辦的出現，大致上也在同一時期。明朝的史料就已有買辦的記載。例如明會典所記，萬曆二十六年，考順以買辦之名向皇帝進貢黃金、珠寶、皮衣和名貴的馬匹，並因此而受到皇帝的讚賞。（註五〇）

鴉片戰爭以前，十三行商所雇之譯員即爲買辦的前身。道光二十三年以後，外國洋行陸續在上海設立，隨之而來的是曾在廣州服務的人員。（註五一）根據姚公鶴的記載，寧波人穆炳元及其學生是上海最早的買辦。（註五二）然而現代意義的買辦制度則從道光三十年開始。（註五三）

買辦制度之所以能存在，有下列幾個原因：（註五四）

(1)中國經濟情況與西方迥異，洋商對之難以瞭解；

(2)中國語言十分難學；

(3)洋商很難鑑定華商動產的價值和華商的信用，同時也很難說服他們；

(4)中國商場的習俗、所採用的貨幣和度量衡相當複雜；

(5)中國人擅長經商，洋人可利用之以獲暴利。

買辦一身兼有顧問和代理人兩種功能。買辦對地方環境的熟悉和語言方面的才能，使其成爲外國廠商不可或缺之助手。從上海開埠起，買辦就擔負起洋行顧問的功能。洋行大班對於所欲建立商業關係之華商的聲譽，常常徵詢買辦的意見，並以其意見做爲決定的依據。（註五五）

在處理與華人有關的商業事務，買辦常得洋行的授權。他們協助外國老闆尋找商業活動的必要場地，招募工人，賣出產品，買入原料，進行投資和借貸的談判。凡此，他們都有相當大的自主權。（註五六）

上海地區的買辦通常又是外國在華大商行所屬買辦之首領。他們監督同一洋行在長江和中國北部各商埠工作之其他買辦。（註五七）唐廷樞就曾擔任過怡和洋行的總買辦。

爲能好好執行其職務，並且能成爲一位好助手，買辦必須瞭解中國市場和貿易知識。他們擁有自己的職員，並依照中國的傳統習俗，以個人人格和口頭承諾做爲信用的保證。然而，他們有時還須以抵押做保，以符合西方的習俗。（註五八）

二十世紀初期，當洋商對中國的一切有更多的瞭解之時，買辦階級也就開始沒落。在中國的洋商之中，最早擺脫買辦的是日本商人。光緒二十五年（一八九九），三井洋行廢除買辦制度；光緒三十三年，橫濱正金銀行（Yokohama Specie Bank）亦步其後塵。歐美商行中，最先擺脫買辦的是英美烟公司（British-American Tobacco Co.）和美孚石油公司。（註五九）到了民國十九年，大部份的洋行都認為買辦已不再是商業上所不可或缺的媒介。（註六〇）

買辦與洋行大班之關係，並非只限於雇主和職員的關係。買辦還能因為此種關係而享受部份的治外法權。非事先徵求其外國老闆所屬國領事和上海領事團團長之同意，滿清官吏不得提審或逮捕買辦。由於買辦與洋商之間，彼此存有利害關係，所以才會受到外國領事的特別保護。豐泰洋行（Fraser & Co.）買辦事件即為一例。該洋行買辦王克明替其美國老闆魏提摩（W. S. Wetmore）招募華股以便成立一家紗廠。此項行動與上海織布局的利益發生衝突。因此，兩江總督左宗棠便以王克明曾幫助太平軍為藉口，下令逮捕他。

依照魏提摩的說法，逮捕王克明之目的，在於懲治他的參與紗廠之成立，並威脅其他華商使之不敢入股。（註六一）左宗棠在一封致上海道台邵友濂的信中也說：「王克明一案，哲「沙爾」領事屢次饒舌，弟已照覆，並行魯處傳王克明到案訊結。此輩持洋人為護府，本屬可惡。弟初意不過令其知斂戢，停辦紡紗公司，退還所招股份。」（註六二）

對於此一事件，「北華捷報」亦發表評論：「曾注意豐泰買辦一案者，應知非巡捕房的特別同意，是無法進行逮捕。他是受美國領事的保護，後者拒絕簽署總督所下的逮捕令，因為逮捕令所敘述的罪狀，毫無根據。其目的並非要使一位犯罪者，接受司法的審判，而是要消滅一個洋人所創的合法企業。工部局除非收到美國副總領事簽署之逮捕狀，否則理應阻止這個買辦的被捕。」（註六三）

爲了洋商及本身的利益，買辦常會或明或暗地破壞愛國運動。光緒三十一年，爲抗議美國的華工受虐待，上海一地發起一次反美運動。這次愛國運動在上海商會會長曾鑄的領導下，要求所有華人抵制美國貨。在這運動一開始，買辦階級就盡力設法加以阻撓和破壞。他們仍然暗中繼續訂購美國貨，並鼓動滿清政府對曾鑄施壓力，使他不得不脫離這個愛國運動。

因爲有類似的舉動，買辦才會被目爲「叛國者」。然而，根據郝延平的研究，他們或許並非是中國人之中最不愛國的一群人。相反地，他們之中有許多人仍然是道地的愛國主義者。（註六四）郝延平並未指出那些人是最不愛國，我們也無法知曉。但是買辦親外人的態度，不論其用意何在，在中國人眼中仍然會被輕視。一般人常忽略了他們對中國尚有其他很重要的貢獻。

保證金制度常成爲買辦與其外國老闆間法律訴訟的重要原因之一。有許多所謂外國「老闆」，本身毫無分文，其商行的資金，全部來自買辦的保證金。這些洋人深知華商將買辦一職當成金飯碗，並極力設法取得此職位。因此，他們就利用買辦的這份熱心和保證金來從事一些投機生意。假如一切順利，洋「老闆」可因買辦的保證金而獲利；萬一生意失敗，買辦將永遠失去這筆保證金。（註六五）

尋求外國領事的保護是華商急切希望成爲買辦的一大原因。當華商與洋人在商業活動建立關係之後，就能享受到領事的保護，以避免華官的干預。如此可使他們成爲華人社會中之特權階級。

談到買辦與中國官吏之關係，就會聯想到滿清的捐官制度。如同其他富有的華商一般，買辦都想買個官銜，以便成爲士紳和提高自己的社會地位。他們之中許多人都擁有道台的頭銜。買辦階級中沒有官銜的人可說少之又少。光緒二十六年左右，在上海四十位著名的買辦中，至少有十五位爲候補道。（註六六）

以替兄弟或親屬捐官之方式，買辦的家族可擠入滿清官吏之林。吳健章卽爲一例。他的哥哥吳天顯是一家英國商行的買辦。（註六七）他們是廣東十三商行之一——同順行的老闆，家財萬貫，並以此捐得許多不同的官銜。吳健章學術淺薄，所受敎育不多，而且不會說官話。但是他却能說一口流利的洋涇浜英語。

由於他們與洋商之間舊有的關係和其兄長在一家洋行當買辦，吳健章因而得於道光二十八年被任命爲上海道台。這是第一個步入宦途的買辦家族。（註六八）擔任道台之後，他就開始利用職權，以謀求更多的財富。（註六九）

某些買辦從外國企業中獲得經驗後，就被滿清政府聘去主持新成立的本國企業，諸如唐廷樞、徐潤和鄭觀應等人。

除了擔任中外商人媒介的角色之外，買辦可能又是商人與企業家。如唐廷樞是一家專門與外商做生意的大茶行之合夥人；徐潤是一位重要的茶商與絲商，同時還經營臘及菸草的輸出。（註七〇）

買辦與錢莊也有極密切的關係。大買辦唐廷樞和徐潤兩人同時也是許多錢莊的合夥人。（註七一）

在九個錢莊的家族集團之中，蘇州洞庭山的嚴家就是洋行買辦出身，然後以當買辦時所積蓄下來的資本去經營錢莊。潮州的許家和鎮海的葉家都曾擔任過外國銀行的買辦。匯豐銀行買辦席正甫和席立功，麥加利銀行（Chartered Bank of India, Australia and China）買辦王憲臣，橫濱正金銀行買辦吳耀庭等同時也是錢莊的老闆。（註七二）

至於在工業方面，買辦可說是中國工業化的先鋒。基於本身鉅額的財富和跟洋人接觸中所獲得的經驗，使他們能最早從事航運、採礦和紡織等企業的經營。（註七三）中國第一家航運公司——招商局的成立，就是唐廷樞、徐潤和鄭觀應等買辦的功勞。唐廷樞還獨自成立一家公司，開採開平煤礦。（註七四）

買辦還在不同的工業部門投資。怡和洋行買辦祝大椿或許是二十世紀初期買辦中最大的企業家。他的投資總額超過兩百萬元，其主要企業如下：（註七五）

同治　九　年　源昌商行
光緒　六　年　輪船公司
光緒　九　年　源昌機械廠
光緒二十四年　源昌米廠（註七六）
光緒二十六年　華興麵粉廠
光緒　卅　年　源昌絲廠（註七七）

光緒三十二年　怡和源打包廠

光緒三十四年　房地產

光緒三十四年　錢莊

宣統　二　年　公益紗廠

上海東方匯理銀行（Banque de l'Indo-Chine）買辦朱志堯也是中國一大企業家，他所投資的主要企業如下：（註七八）

光緒二十三年　大德油廠

光緒二十五年　同昌油廠

光緒二十八年　上海求新機器製造廠

光緒二十八年　大達航運公司

光緒三十四年　同昌紗廠

宣統　元　年　中大麵粉廠

大通航運公司

中西書局

三家輾米廠

祝大椿和朱志堯的例子顯示出，買辦在現代企業的投資範圍是相當廣泛。雖然只侷限於輕工業，尤其是食品工業，但他們的努力無疑地會加速中國的工業化和現代化。

上海的買辦擁有鉅額的財富一事，是不容置疑。他們都能過着奢侈的生活。黃德樂敍述他的買辦的故事：「我的買辦取個教名爲厄塞布（Eusèbe）。他是否忠誠？我們等着瞧。是否有用？我敢發誓。雇用他實在便宜，因爲他每月只向我要五百法郎的薪水。我應補充說明，他是擅於用錢：在爲我服務期間，他購買十幾棟華麗的房子，娶了一個漂亮的姨太太，擁有一部豪華的六汽缸的汽車，並雇有車夫和僕人。」（註七九）

那麼買辦如何能致富？在未擔任買辦之前，他們通常是擁有相當財產的商人。在被雇用期間，買辦就利用各種不同的方法使其財產日增。首先，他們以買辦的身份致富。既然洋商的成功依賴着買辦，買辦可因此獲得實質的利益。除了薪水、佣金和其他合法的收入之外，買辦還時常暗中榨取老闆的利潤。其次，他們同時以商人的身份從事自己的商業活動。買辦所享有的特權，使他們在經營私人商務時，比其他商人居有利的地位。（註八一）

薪水只不過是買辦總收入的一小部份。黃德樂的買辦只要求月薪五百法郎。（註八二）依照日本人的研究，買辦的薪水更低，他們的年薪只有二五〇——三〇〇銀兩。（註八三）

在每次交易成功後，買辦從洋商和華商各取得爲數相當可觀的佣金。交易額在一千銀兩以下的佣金爲百分之零點五。墨西哥銀元的鑑定也是佣金的來源之一。每年有爲數可觀的墨西哥銀元流入上海，這些銀元由具有專長的商人負責鑑定，但是買辦也要從中賺取佣金。每千兩銀元，鑑定的商人賺〇・一銀

兩的工資，買辦則賺〇・〇二銀兩的佣金。假設每年流入上海的銀元達五百萬銀兩，上海買辦的收入就可達十萬銀兩。（註八四）

買辦也可獲得洋商的分紅。唐廷樞在發展航運方面，對怡和洋行的貢獻甚大。該洋行駐上海代表詹森（L. B. Johnson）同意從所屬輪船公司的股份取出三五〇——四〇〇股，給唐廷樞以示酬勞。（註八五）

然而買辦收入的主要來源並非自薪水、佣金和分紅，而是來自對雇主的榨取。他們利用洋商不懂本本地語言、商業習慣和其他情況，而操縱價格和商業交易以致富。

金錢財物的保管爲買辦的重要職務之一，這項職務給予他們增加財富的機會。他們將替洋行保管的現金和錢莊的期票，私自存放在信用可靠的錢莊，然後將所得的利息據爲己有。依照美商赫德（John Heard）的估計，買辦以此方式每年可多得五千至六千元的額外收入。（註八七）

在二十世紀初期，一位上海的外國銀行買辦，平均每年可賺兩萬銀兩。（註八八）由於資料不全，我們無法確知其他行業買辦之總收入。

另一個惟有買辦方能享有的特權，就是私自利用洋行的資本，以經營自己私人的商務，其所獲之利潤更增加買辦的財富。

依據投資數額，我們知道祝大椿和朱志堯的財產在兩百萬銀兩以上。另一位大買辦徐潤，據他自己的估計，其財產總額達三、二一九、四七〇銀兩，其中二、二三六、九四〇銀兩投資於房地產，（註八九）三四一、五三〇銀兩投資於各種企業，二四四、〇〇〇銀兩投資於當舖。（註九〇）這些買辦眞正是些百萬富翁。他們利用如此巨額的財富去捐官，以提高自己的社會地位。

買辦彼此之間的關係，還是停留在同族與同鄉的關係。徐家可說是個買辦的大家族。在上海開埠之初，英商寶順行的老闆畢爾（T. C. Beale）任命徐鈺亭爲該行在上海的買辦。（註九一）其弟徐榮村和侄徐潤先後繼承其職位。（註九二）

徐潤隨後也擔保其家族的一些成員擔任買辦的職位：兩位堂兄弟徐渭南和徐關大分別擔任九江寶順洋行和上海禮和洋行（Carlowitz & Co.）的買辦；兒子徐叔平擔任一家德國洋行的買辦；表弟楊梅南擔任芝罘太古洋行（Butlerfield & Swire）的買辦。（註九三）

另一個著名的買辦家族爲蘇州洞庭山的席家。自從席正甫繼承王槐山擔任滙豐銀行買辦一職後，這個買辦就成爲席家的世襲職位。其子席立功，孫席鹿笙先後繼承之。席立功之弟席聚星也是這家銀行的副買辦。此外，其他十家外國銀行的十四位買辦都是他們的兄弟、侄兒或女婿。（註九四）

至於父子相傳的買辦爲數更多。怡和洋行總買辦潘澄波、潘志銓父子只不過其中之一例。（註九五）

買辦世襲制度和推薦及相互保證制度的存在，顯示出洋商對買辦的不信任。洋商希望利用中國傳統社會的親屬關係，以確保他們的商行和商務能在安定中求進步。

談到買辦的籍貫問題，在上海開埠初期，廣東籍的買辦居多數，（註九六）但是後來却逐漸爲浙江

人和蘇州人所取代。民國九年，在九十位上海著名的買辦中，其省籍的區分如下：（註九七）

出生地	人數
浙江	四十三人
江蘇	三十一人
廣東	七人
安徽	五人
江西	一人
不詳	三人

浙江買辦在絲業和金融業的專長，可解釋上述現象。廣東人精於茶的貿易，可惜自咸豐十年以後，在國際市場上，中國茶的地位逐漸爲印度茶所取代，茶的貿易日漸衰微。茶葉輸出的減少，也就大大地阻碍廣東買辦的活動。相反地，到光緒三十四年爲止，絲一直維持其在中國輸出品中所佔的重要地位，這當然會使浙江買辦的人數漸增。（註九八）

浙江人在金融業的經營方面，也有相當的天份。上海的許多錢莊都是浙江人經營的。來自該省的買辦像王槐山和虞洽卿，在金融界皆爲成名人物。（註九九）

就如同來自浙江和江蘇的人們在租界的人口中居大多數，這兩省的買辦在上海的買辦中亦佔絕對優勢。這是推薦和相互保證制度所產生的結果。當洋商要雇用一位買辦，他就要求推薦和保證。由於家族或同鄉的關係，一個買辦家族的成員或者同鄉好友，就很容易符合上述條件而當上買辦。

三、工人

在開埠的最初五十年，上海租界是個商業中心，其間或許也存在着一些絲廠之類的小工廠，但並不重要。馬關條約的簽訂，使日本人獲得在中國通商口岸自由設廠的權利，其他歐美強國，也依最惠國待遇之條款，要求援例。因此，上海一地出現了許多工廠，大批的工人亦隨之而來。上海的工人階級到底如何形成，其成員有那些，工人的工作條件和所遇到的難題，及工人對之所產生的反應等問題，頗值得我們探討。

工人階級的形成相當緩慢。依據孫毓棠的估計，同治九年中國現代工業的工人不超過一萬人，光緒二十年時還不到十萬人，其中約有百分之四十六聚集在上海。（註一〇〇）換句話說，約有四萬六千人。

光緒二十一年以後，外國工業投資的加速和本國工業的起步，對工人階級的成長甚爲有利。民國二年，依據汪敬虞的估計，上海地區有十五萬到十八萬個工人。（註一〇一）在二十年期間，工人人數增加四倍。

光緒二十六年——宣統二年間，在外國工廠和本國工廠的工人之人數大致相等。（註一〇二）在這段期間，十八個外國工廠雇用三六、〇三〇個工人，而二十八個本國工廠雇有工人三九、八五一名。（

一〇三）上述數字又可證明外國工廠的規模通常都大過本國工廠。

在上海的工人階級中，童工和女工佔絕大多數。光緒二十五年，上海有四十三家絲廠、紗廠、油廠和火柴工廠，總共雇用工人三萬四千五百名，其中女工兩萬名，童工七千名。（註一〇四）上海的工廠除了幾家造船廠和鋼鐵廠之外，大都是屬於輕工業的工廠，因此女工和童工的人數才會遠超過男工的人數。

女工和童工的雇用對老闆階級來講有許多好處。婦女和兒童要求的工資較少，而且較易於控制。此外，在那些需要輕巧的手工方面的工作如絲廠、火柴工廠等，女工和童工都能勝任愉快。（註一〇五）某些工廠由於利用他們的勞力，而能使利潤高達百分之五十。（註一〇六）

女工在婦女人口中所佔的比例相當大。依照「北華捷報」的報導，光緒三十三年，上海租界有六萬四千位年輕女性，其中一千位在校讀書，三萬位在工廠工作。（註一〇七）

兒童從六、七歲起就開始在工廠工作。那些有小孩的女工，常將小孩帶到工廠。當那些六、七歲的兒童學到一點點工作的技巧，就馬上參加工作的行例。至於十二、三歲的小工人，則到處可見。（註一〇八）

童工的大量被雇用，不僅受到工廠老闆的鼓勵，同時也頗受兒童家長的贊同。「中國人民，以稺年之童，驅任勞工，已成爲全國通常之習慣。僉以爲不如此，必致青年子弟遊蕩以終其身。……在中國之爲父母者，且樂令其子弟驅爲牛馬之役。亦以中國人赤貧者過多，故對於子弟，苟獲一噉飯處，卽歡迎

鼓舞而不已。遑論其利害之關係，此殆由生計之廹促。以不如此，卽不可得微利以供家人之飽暖也。」（註一〇九）

上海的勞力資源之所以能源源不絕，乃基於下列幾個因素：外國資本和工業製品的入侵，長江下游一帶連年的兵荒馬亂和自然災害。（註一一〇）

上海開埠後，上海及其鄰近地區，人民的生活愈來愈困難。洋商運來大量的工業產品，同時又輸出原料。棉紗和布匹的輸入，使得以紡織爲副業的農民之家庭收入，受到嚴重的威脅；以紡織爲生的手工業者，情況更慘，許多人就因而失業。（註一一一）破產的農民和手工業者被廹到上海的工廠尋求工作。戰爭和天災，使工人的招募更爲容易。許多災區十幾歲的小女孩，被瀕於飢餓邊緣的父母，以極少的價錢，賣到城裏當女工。（註一一二）

工人的工作環境相當差，他們的工資還是很低。在光緒二十一年到宣統三年期間，除了小部份的技術工人外，（註一一三）一般工人的每日工資平均〇．一五——〇．二元。（註一一四）假如我們以中國的工資水平，與同一時期資本主義國家的工資水平比較，就可瞭解中國工人的待遇是多麼低。現以紡織工人爲例。在二十世紀的頭幾年，外國工人工資約有中國工人的五倍、十五倍或二十倍。在同一時期，美國工業的利潤達百分之八十四——九十四；在中國的外國企業的利潤則高達百分之三百——四百。（註一一五）

從表面上看來，光緒二十七年到宣統三年間的工資略有增加。依照海關的報告，此一時期的工資增加百分之十。（註一一六）然而，物價的上漲比工資的增加更快。依照上海公共租界工部局的報告，宣統二年的米價爲一九〇〇年的兩倍。（註一一七）在這種情況下，一個工人的工資，實在很難維持個人的生活，想要維持一家人，實是難上加難。因此，婦女和兒童爲補貼家計，只好參與工作行列。

中國工人不但工資低廉，而且工作時間也是相當長。依照各大企業不完整的檔案，我們可知道十九世紀最後二十年，工廠的工作時數，每日達十一——十三小時。（註一一八）江南製造局的工人每日工作八小時，這是上海各中外企業中，工作時間最短。

到了光緒三十四年，工作時數仍未改變。一般說來，工人每天工作十二小時。休息日各因中外企業的習慣而異。怡和絲廠每個星期天都停工；本國絲廠每兩週休息一天，但有時休息日也會被取消。（註一一九）大部份的工廠，休息日都不發工資。（註一二〇）

根據「美國絲業公會」（Association de e'Industrie de Soie Americaine）的調查，美國絲廠的工人，每日工作八——十小時；法國、瑞士和意大利的工人，每日工作九——十二小時；中國和日本的工人，每日工作十——十四小時。（註一二一）中日兩國的工人工作時間大致相等，然而日本工人的工資，卻比中國工人多百分之五十。（註一二二）

除了工資低廉和工時甚長之外，其他的工作條件也是令人心寒。在絲廠裏，到處可發現兒童在爲他們特別設計的機器旁邊工作。他們在那兒每天從早站到晚，以一雙小手，從裝滿沸水的鍋中不停地取出和剝開蠶繭。經過一段期間之後，他們的手和眼將留下一些可怕的痕跡。（註一二三）每年七、八月的

熱氣更令人難以忍受。正如某外國經理所說，這眞是個「人間地獄」。（註一二四）

在其他性質的工廠，情形大致類似。現以燮昌火柴廠爲例。這個工廠雇有員工四百名。場地的髒和亂爲進廠參觀者的第一個印象。工具到處亂丟，化學葯品散佈各處，地板蓋滿灰塵。接着，在成群的男女工人中間，最令人驚奇的就是那些由父母或兄姐帶到工廠的小孩摻雜其中，高聲哭鬧喧笑。工廠猶如「萬怪之居，百魔之穴」。（註一二五）

對於惡劣的工作環境，工人還能勉强適應，但是對於喜怒無常的工頭的脾氣，嚴厲的工作規則和因小的工作過失或疾病而無法上班所導致的罰金，使工人們最無法忍受。

譬如在每個紗廠，每個部門都有一位工頭負責監督工人。這些工頭常鞭打工人，使之加速工作。工作規則相當嚴厲，凡是毀損用具者，都被扣減工資；凡是犯了一點小錯，就被鞭打。但是最重的處罰是「罰工」，換句話說，就是以半天或數天的無酬工作做爲處罰。那些老闆深深瞭解，對於中國工人最有效的處罰，就是罰金或扣減工資。（註一二六）中國工人都是十分貧窮，金錢對於他們來講特別珍貴。他們寧願以肉體的受罰，取代那微薄的收入之被扣減。針對這項弱點，工廠老闆就可隨意剝削中國工人。

因爲大部份的紗廠工人都來自上海鄰近地區，而且又是那些貧窮，並無多餘的錢可做交通費，所以爲了上下班，每天須步行好幾個小時。現擧一位年輕女工爲例：她以每月二元五角的工資，撫養寡母和年幼的弟妹。爲了那一點錢，她每天早晨四時起身，然後步行兩小時到工廠上班。下午六時下班後，她

走回家的路程又需兩小時。（註一二七）

遲發和扣發工資，幫會組織的拘束和童工，爲工人的另三大難題。光緒七年，祥生船廠（Boyd & Co.）的工頭因欠工人的工資而被控告。（註一二八）光緒二十七年，華綸絲廠倒閉，積欠女工工資達一千兩百元。（註一二九）這個數目相當大，幾乎等於全部女工一個月的薪水。

幫會組織是會員們爭取利益的工具，但對會員們的工作自由却有所限制。上海的建築工人分爲兩幫：「本幫」負責華人房屋的建造；「紅幫」則負責建造洋人房屋。本幫的工人不得建造洋人房屋；華人房屋的建築對紅幫的工人來說也是一項禁忌。如有人違禁，馬上就會發生爭吵和毆打。（註一二九）行會强迫其會員從工資中抽出一筆爲數不小的錢做爲會費。（註一三〇）這會費對工人來說又是種十分沉重的負擔。（註一三一）

上海童工問題也是很嚴重。光緒三十四年「北華捷報」說，童工不只被雇用在工廠裏，而且在上海租界各個街道皆可發現。（註一三二）幼小的兒童長期在髒亂的場地工作，將阻礙身心的正常發展。然而，貧窮的父母强迫他們去工作，而且老闆也需要他們。因此這個問題的解決，就很棘手。

面對着微薄的工資，長期間的工作和老闆與工頭的壓迫，中國工人並非如日本人所說的永遠那麼溫馴。（註一三三）他們有時也以罷工來表示不滿和要求。

在汪敬虞的「中國近代工業史資料」一書中，我們知道在二十世紀初期，上海有三十六次罷工。光緒三十一年，集成紗廠工人發動罷工，參加罷工的工人達四千六百名，這是當時最嚴重的一次罷工。（

註一三四）

三十六次罷工之中，十二次發生於外國工廠，二十三次發生於本國工廠，一次發生於本國和外國的造船廠。導致罷工的原因如下：

(1)要求增加工資　12次
(2)要求發放積欠工資　6次
(3)反對老闆和工頭的壓迫　6次
(4)反對扣發和減少工資　4次
(5)反對增加工作時間　3次
(6)原因不詳　3次
(7)爲救援被拘禁的工人　1次
(8)反對工廠轉讓給日本人　1次

依照上面的分析，在三十六次罷工中，有二十二次是與工資有關。由此可見，金錢在中國工人眼中的重要性。

罷工的次數雖多，但效果並不理想。在三十六次的罷工中，只有七次能獲得滿意的結果。（註一三五）滿清官吏的威脅和擔心失去工作，使罷工者退卻，因而導致罷工的流產。

滿清末年，工人缺乏組織，罷工只有偶發的事件，罷工的原因也只不過是爲了改善自己的生活環境。同時，工人之中存在着一些傳統的幫會組織，這些幫會破壞工人內部的團結，而減弱罷工的力量。例如在上海最大的外國造船廠——耶松船廠，寧波工人和廣東工人彼此不睦。光緒二十八年和宣統三年，廣東工人所發動的罷工，終因不受寧波工人的支持而歸失敗。(註一三六)

四、結論

華商和買辦是上海租界華人社會的領導階級。大多數的買辦都兼有商人的身份，本來可以合爲一談，但因買辦在租界社會所扮演的角色較爲特殊，故另加敍述。

上海的外國工商企業和金融業的欣欣向榮，表面看來，似乎全是洋商的功勞，其實這些外國企業之能迅速發展，華商亦曾助一臂之力。華商的投資猶和在它們的身上注入了新血。許多外國企業因得不到華商的支持而無法成立，這些事實卽可顯示出二者關係之密切。

家族與同鄉的關係，是構成租界華人組織的一大特色，也是華人社會的基礎。由此可知中國傳統之影響依然很深。

買辦由於職務的關係，可受到外國領事的保護，因而在華人社會中成爲特權階級。他們利用這種關係，謀求經濟上的利益，增加自己的財富。或許爲此，才爲國人所不齒。但是買辦却是中國工業化的先鋒和大功臣。由於他們鉅額的財富和與洋人相處中所獲得的現代企業知識和經驗，方能替中國的現代工業打下基礎。

至於工人和其他性質的勞動者，可說是租界中最不幸的一群，也是人數相當衆多的一群。他們的生活條件和工作環境，樣樣皆差。然而，他們却是租界繁榮所不可或缺的一環。

附註

註　一：汪敬虞，十九世紀外國侵華企業中的華商附股活動。歷史研究第四期（一九六五），頁六十八。

註　二：Hao Ying-Ping, The Comprador in Nineteenth Century China, Bridge between East and West (Harvard University Press, Cambridge, Mass. 1969), P. 136。

註　三：聶寶璋，從美商旗昌輪船公司的創辦與發展看買辦的作用，歷史研究，第二期（一九六四），頁九四——九八。

註　四：汪敬虞，前引書，頁五一——五四。

註　五：Hao, op. cit., P. 133。

註　六：汪敬虞，前引書，頁五七——五八。

註　七：同右，頁五八——六一。

註　八：同右，頁七四。

註　九：汪敬虞，中國近代工業史資料，序頁三十三。

註一〇：同右，頁一〇六四。

註一一：同右。

註一二：鄭觀應，盛世危言增訂新編（學生書局，台北，民國五四年），頁七〇二和頁七三四——七三五。

註一三：盛宣懷，愚齋存藁（文海出版社，台北，民國五十二年），頁十。

註一四：同右。

註一五：Hao, op. cit., P. 122—123。

註一六：Archives diplomatiques（法國外交部檔案），C. P.—Chine（有關中國部份的政治報告），vol. 263, P. 37。

註一七：Ibid., P. 229—230。

註一八：沈葆禎應盛宣懷之請求，同意撥一百萬銀兩給招商局，以爲合併旗昌輪船公司之用。

註一九：盛宣懷，前引書，頁一〇一。

註二〇：孫毓棠，中國近代工業史資料，頁一六三。

註二一：汪敬虞，前引書，頁八三二。

註二二：資本集合論，東方雜誌，九卷二期，一九一二年八月。

註二三：盛宣懷，前引書，頁一三一。

註二四：汪敬虞，前引書，頁六四一。

註二五：同右，頁九二九——九三〇。

註二六：同右，頁八七四——八七五。

註二七：同右，頁九五一——九五二。

註二八：同右，頁九五四。

註二九：彭澤益，中國近代手工業史資料，頁四七四——四五五。

註三〇：汪敬虞，前引書，頁九四五。

註三一：黃式權，淞南夢影錄，（著易堂，上海），頁八十九。

註三二：上海錢莊史料，頁五三——五四。

註三三：汪敬虞，前引書，頁九二九——九三〇。

註三四：上海錢莊史料，頁四八二——四八三。

註三五：同右，頁二——三。

註三六：王韜，瀛壖雜誌，（著易堂，上海），頁八——九。

註三七：馬寅初，中國之買辦制，東方雜誌，十一卷四期（一九一四年）。

註三八：章君穀，杜月笙傳㈠（傳記出版社，台北，一九六七），頁三三七。

註三九：王韜，前引書，頁四七四。

註四〇：吞併之後，新廠仍保存原有設備及原有中文廠名。其外文之名稱爲Shanghai Eis Actien Gesellschaft。

註四一：N. C. Herald, July 18, 1890。

註四二：汪敬虞，前引書，頁一四六。

註四三：盛宣懷，前引書，頁八三。

註四四：盛宣懷曾發起好幾次救濟災民運動。

註四五：呂海寰爲當時的外務部尚書。

註四六：曾鑄即爲參加此會的華商之一。

註四七：盛宣懷爲中國紅十字會首任會長。

註四八：盛宣懷，前引書，頁三十三；頁二十八——二十九；頁三四五——三四八；頁三九五——三九八。

註四九：Fontenoy, Jean, Shanghai Secret (récit) (Grasset, Paris, 1938), P. 31。

註五〇：賈植芳，近代中國經濟社會（棠棣出版社，上海，一九五〇），頁一三九。

註五一：張國輝，十九世紀後半期中國錢莊的買辦化（歷史研究，六期），頁八十六。

註五二：穆炳元在定海被英軍所俘虜。當英國戰艦抵達上海時，他已略懂英語。他在洋人的指揮下，充當華洋商人之媒介。

註五三：彭澤益，前引書，頁四七一——四七二。

註五四：沙爲楷，中國之買辦制（商務，上海，一九二七）頁四。

註五五：甘作霖，論洋行買辦制之利害（東方雜誌，十六卷十一期，民國八年十一月），頁二十八。

註五六：Hsu C. Y., The Rise of Modern China（Oxford University Press, N.Y. & London, 1970），P. 514。

註五七：Hao, op. cit., P. 88。

註五八：Murphey, R., Shanghai, Key to Modern China（Harvard University Press, Cambridge, 1953），P. 68——69。

註五九：Hao, op. cit., P. 88。

註六〇：Murphey, op. cit., P. 69。

註六一：孫毓棠，前引書頁一五八——一六三。

註六二：同右，頁一六二。

註六三：N. C. Herald, November 15, 1882。

註六四：Hao, op. cit., P. 195。

註六五：見註（五五）

註六六 Hao, op. cit., P. 184。

註六七：吳天顯爲Magniac & Co. 的買辦。

註六八：聶寶璋，前引書，頁九十三。

註六九：Fairbank, J. K., Trade and diplomacy on the China Coast (The Openning of the Treaty Ports, 1842—1854)(Harvard University Press, Cambridge, Mass. 1864), P. 466。

註七〇：Hao, op. cit., P. 116。

註七一：Ibid., P. 115。

註七二：上海錢莊史料，頁三。

註七三：Hao, op. cit., P. 5。

註七四：盛宣懷，前引書，頁一三一——一三二。

註七五：Hao. op. cit., P. 135—136。

註七六：源昌米廠為當時最大的米廠，其資本額高達四十萬銀兩。

註七七：依照A. Wright在"Twentieth Century Impressions of Hongkong, Shanghai and Other Treaty Ports of China"的記載，源昌絲廠於一九〇四或一九〇五年成立，其資本總額達五十萬元。

註七八：依照汪敬虞的「中國近代工業史資料」，這些企業的資本總額約在兩百萬元左右。

註七九：Fontenoy, op. cit., P. 34。

註八〇：Hao, op. cit., P. 89。

註八一：五百法郎約等於一百銀元。

註八二：汪敬虞，前引書，頁九七七。

註八三：同右，頁九七七——九七八。

註八四：Hao, op. cit., P. 31—32。

註八五：沙爲楷，前引書，頁九三——九四。

註八六：Hao, op. cit., P. 93—94。

註八七：Ibid。

註八八：徐潤在公共租界那三、二二〇畝的地皮上，建二、一六〇棟房屋，每年所收房租達一二二、九八〇銀兩。

註八九：上海錢莊史料，頁四六。

註九〇：徐鈺亭爲一居在澳門的廣東人。

註九一：Hao, op. cit., P. 52。

註九二：Ibid., P. 172。

註九三：黃逸峯，關於舊中國買辦階級的研究，（歷史研究，第三期，一九六四年）。

註九四：同右。

註九五：在「瀛壖雜志」一書，王韜提到當租界成立初期，有許多廣東人居住在那兒，而上海的買辦中，廣東人佔半數。

註九六：Hao, op. cit., P. 54。

註九七：絲的輸出佔中國輸出總額百分之三十——四十。Ibid., P. 53。

註九八：Ibid。

註九九：孫毓棠，前引書，序頁五九——六十。

註一〇〇：汪敬虞，前引書，序頁三八——三九。

註一〇一：此處所指的爲雇用工人五百人以上的工廠。

註一〇二：汪敬虞，前引書，頁一一八四——一一八五，和頁一一九〇。

註一〇三：同右。

註一〇四：王子建、王鎮中，七省華商紗廠調查報告（商務，上海，一九三六），頁九〇。

註一〇五：論中國習用幼年勞工之非計，東方雜誌，十一卷四期，一九一四年十月。

註一〇六：汪敬虞，前引書，頁一一九二。

註一〇七：同右，序頁四十——四一。

註一〇八：同註（一〇六）。

註一〇九：依照鄧拓的「中國救災史」的記載，一八四六年，江蘇、山東、和江西等省發生水災，浙江發生震災；一八四九年，浙江和湖北發生水災，浙江發生瘟疫；一八七六——一八七八年，江蘇、浙江、湖北、山西、江西等省發生水災，安徽和山東有旱災。

註一一〇：汪敬虞，前引書，序三九——四十；孫毓棠，前引書，頁五七。

註一一一：Hauser, E., Blancs et Jaunes à Chang-hai（Traduit de eanglais Par Maurice Beerblock）（La Nouvelle Edition, Paris, 1905），P. 121—122。

註一一二：譬如江南製造廠的技術工人，每日可賺〇・九二元；紗廠技術人員每月賺四十——五十元；木匠、泥水匠、造船廠工人等每日賺〇・四〇——〇・八五元。

註一一三：汪敬虞，前引書，序頁四十。

註一一四：同右。

註一一五：同右，頁一二四五。

註一一六：同右，頁一二四九。

註一一七：孫毓棠，前引書，序六三。

註一一八：汪敬虞，前引書，頁一二〇〇。

註一一九：孫毓棠，前引書，頁一〇四六——一〇四七。

註一二〇：汪敬虞，前引書，頁一二三一。

註一二一：根據同一調查，中國男姓工人每日工資爲〇．一〇——〇．一二元，而日本男姓工人每日工資爲〇．一五——〇．二〇元；中國女工每日工資〇．〇六——〇．〇九元，日本女工每日工資〇．一〇——〇．一二元。

註一二二：Hauser, op. cit., P. 121 — 122。

註一二三：汪敬虞，前引書，頁一二〇六。

註一二四：同右，頁一二〇四——一二〇五。

註一二五：同右，頁一二一六——一二一七。

註一二六：同右，頁一二〇五。

註一二七：孫毓棠，前引書，頁一二一八——一二一九。

註一二八：汪敬虞，前引書，頁七〇〇——七〇一。

註一二九：黃式權，前引書，頁九〇。

註一三〇：上海廣東木匠公會的會員須將工資總數的五分之一交給所屬的行會。

註一三一：孫毓棠，前引書，頁一二四六——一二四七。

註一三二：汪敬虞，前引書，頁一一九三。

註一三三：同右，頁一二四三。日本人說：「華工連夢中都未曾想到要以罷工來對抗老闆。」

註一三四：同右，頁一二九九——一三〇一。

註一三五：十七次失敗，十二次的結果不詳。

註一三六：汪敬虞，前引書，序頁四七。

第四章　華人社會生活

在上海，華人的生活方式與洋人完全不同。（註一）現從華人的家庭生活、物質生活、消遣活動和團體活動等方面來探討，以瞭解租界內華人的社會生活。

一、家庭生活

根據法租界公董局的人口調查資料，我們知道在十九世紀後半期和二十世紀初，法租界的華人社會，婦女人數只及男人的三分之一，或將近一半，而且在這些婦女人口之中，單身女性仍居多數。（註二）由此推論，華人所組成的家庭數，與租界內華人人口總數，根本不成比例。

單身男女，居住在供應膳宿的公寓，或者分租其他房客的房間。兩人至四人合住一房的事情，已是屢見不鮮，甚至於有時還發現高至十二人或十五人合住一房的例子。此外，為數相當可觀的工人，尤其是女工，居住在工廠的宿舍裏，受到老闆或工頭的監視。（註三）

上海華人家庭已不再保持其傳統的特色，隨着工業化的進展，家庭逐漸失去做為經濟單元的角色。

現代化運動使各個社會階層中，小家庭的數目大幅增加，傳統式的大家庭爲數也就相對減少。

大家庭制度的解體，肇因於經濟因素和社會觀念的改變。此一工商業大都會昂貴的生活費用，造成許許多多的工人，無法讓年長的父母與自己共同生活。自己的妻子與兒女在工廠裏很容易找到補貼家庭收入的工作，因此得以留在身邊。新式的小家庭制度於焉誕生。（註四）這些經濟方面的顧慮，再加上近代中國的社會變動比以往劇烈，可視爲中上階層小家庭制日趨普遍的部分原因。（註五）

受近代化影響的人與附着於傳統的父母和兄弟之間觀念的差距，導致一些商人或工人攜帶妻子兒女一起來到城市，不願留下他們和雙親在鄉下過活。（註六）這種受西風影響的觀念，來自與洋人直接或間接的接觸。（註七）上海居住着許許多多洋人，其家庭可做爲華人的典範，此外，從外國傳教士或租界行政當局創辦的學校也可感染到西洋的風氣。

然而，某些缺乏養家經濟能力的工人，還是不得不將妻兒留在鄉下老家。（註八）他們獨自來到城裏工作，並過着單身漢的生活，爲的是希望在那相當微薄的工資裏，節省一些錢寄回家裏。

二、物質生活

根據「北華捷報」（N. C. Herald）的敍述，大多數居住在上海的華人，其生活費用大約每人每月爲十五銀元。（註九）事實上，此一估計數字太過於樂觀。在華人社會中，以工人與苦力佔絕大多數，而這些下層階級者，其每月工資平均約爲四——六銀元。某些技術工人的月薪可達五十銀元，（註一〇）但為數却寥寥無幾。如果說這些能賺到如此高月薪的技術工人，須要養一個四口之家，他們也無法達到「北華捷報」所估計的生活水準。

至於華人社會的中產階級，如小商人和小職員，其生活情況一般說來，雖較工人和苦力好些，可是仍然很差。例如法租界公董局所辦的華校，中國籍教師的月薪也只有十五——二十五銀兩。（註一一）

在洋人眼中，每人每月十五元的生活費用已經是相當便宜。（註一二）然而，除了華人買辦，華商和「高級華人」之外，很少再能找出有此一生活水準的華人。那麼，華人的物質生活情形到底如何？

上海的糧食相當昂貴。（註一三）一九〇二年（光緒二十八年），華人的主要食物——米，其價格為每石八元。（註一四）每月所賺的只有那為數無幾的銀元，大多數的華人惟有過着十分清苦的生活。一碗白米飯，幾小塊豆腐乳，有時再加一小塊的鹹魚，這就是工人每日的伙食。（註一五）當然，那些希望過着西式生活的富有華商，通常還是時常出入豪華的餐館。（註一六）在華人社會中，他們可謂天之驕子。

一般說來，上海的華人仍穿着傳統的服裝。絲綢做成的衣服上面還繡着「福」、「祿」、「壽」等吉祥字眼。（註一七）沒有福氣享用這種服裝的工人和苦力，只能穿着又髒又破的棉衣。（註一八）

在住的方面，富裕的華人與貧窮的華人之間，有極大的差別。華人資產階級者通常都擁有一棟洋房，屋內的傢俱與擺設完全西化。上海的大買辦之一——陳可良，就擁有一大棟在一九〇三年（光緒二十九年）建造的英式洋房。（註一九）因此可以說他們的住宅在寬敞、舒適和豪華等方面，通常不比洋人的住宅遜色。

屬於中產階級的華人無法擁有洋房。他們居住在專門爲華人建造的房子裏，這是「二房一廳」的普通建築物。一八九三年（光緒十九年），兩戶人家合住這種房子的事情，可說非常普遍。他們各擁有一間樓上的臥房，樓下的客廳和厨房則共同使用。依照西洋人的看法，這已經是一種「很擠」的生活。

然而，十年後，三戶人家共同使用這種「二房一廳」的房子，已經司空見慣，四戶人家合住在一起也根本不足爲奇。五戶人家，甚至六戶人家，擠在此一類型房屋的例子，也常可見到。在此一情況下，樓下後半部曾經做爲共同使用的廚房，打掉爐灶之後，就變成一個家庭的住宅。每一家庭在自己房間的角落，擺上一兩個炭爐做爲代替性的廚房。有時候，兩張床舖疊在一起，成爲上下舖。這種可節省許多空間的方法，有時還可使兩個家庭共同使用一個房間。（註二〇）

華人人口的迅速增加，以及生活費用的大幅提高，產生了住的問題。在一八九五——一九〇七年間（光緒二十一年——三十三年），公共租界的華人人口增加一倍以上，（註二一）然而，華人房屋的增加，却未追上人口增加的速度，因此無法滿足華人的需求。

房屋相對的缺乏，導致房租的上漲，此外米價也繼起直追。這種生活的昂貴廹使大多數的華人擠在爲數不多的房子裏。（註二二）黃楙材「滬遊胜記」裏曾有如此的描述。

「夷場人口稠密，凡賃夷屋者，房租而外，另有月捐，卽布棚攤子及測字星卜之流，每月收捐洋銀二、三元不等，以故薪桂米珠，凡日用所需之物，其價較他處俱數倍。」（註二三）

華人住的問題連帶着產生三種問題。公共安全問題、衞生問題和道德問題。華人的住宅經常被視爲危險的根源。一九〇三年（光緒二十九年）七月十六日，法租界公董局的會議，一致認爲，鄰近洋人住宅，尤其是法國總領事館和殖民旅社（Hôtel des Colonies ）的華人建築物，遇到火災發生時，就變成一項眞正的危險物。（註二四）

華人房屋也被認爲是不衞生的住宅。一九一〇年（宣統二年）年底，公共租界發生瘟疫。爲防止傳染病的蔓延，公共租界工部局採取一些措施，其中之一爲：

「無論何屋，每人均須勻算有四十方尺之地，及勻算每人在屋內有四百立方尺潔淨容空氣之容量。如屋內容人，過於計算之數，則屋主或管理者，須擔任二十五元以下之罰款。」（註二五）

此一規定顯示出，華人房屋房客的擁擠，不但是房客本身的也是公衆的衞生問題。

談到道德問題，就會聯想到身爲社會動物的人類，往往也需要有片刻的幽靜和獨居。當五、六個家庭居住在同一棟房屋，而許多人擠在同一房間時，人們根本無法有絲毫的隱私。

假設親戚或暫時房客光臨一個人口密集的住家，毫無疑問，這個「小世界」的每一個人將因不方便和不和諧的環境而忍受着「寄宿者的不幸」（Lodger evil）。如查再加上房子裏的髒亂，困擾和厭煩將難以避免。因此逃脫家庭，另尋較愉快生活的念頭，隨之產生。一種對家庭的不滿和社會的罪惡將因而發芽成長。（註二六）

三、消遣活動

上海租界行政當局禁止任何華人進入公園，（註二七）以及大多數的俱樂部。（註二八）堤岸上的長椅也標明「只給歐洲人坐」（Europeans Only）。（註二九）華人從事正當消遣活動的地點，僅限於蘇州河畔一小塊，經一九一〇年公共租界「公園委員會（Parhs Committee）指定的地皮（註三〇）這個場地實在太小，根本引不起華人從事戶外消遣和運動的興趣。基於種族的歧視，上海租界當局對此絲毫不以爲意，也不想加以改善。（註三一）

受到場地、金錢、時間，尤其是文化水準低落的限制，華人無法做些較嚴肅和有益身心的消遣。某些華人資產階級者對於洋人的閑暇活動，如賽馬和俱樂部感興趣。（註三二）對於華人來說，地方戲院。（註三三）彈子房和保齡球房。（註三四）也是消遣的好去處。

由於華人信敎者不少，敎堂也就成爲敎徒們常去的場所。在一八六六年（同治五年），江面上高縣人黃楙材旅滬時就已發現「城內外建社拜堂不一而足，華人進敎者匪鮮。每日午後講約，衆人環坐聽之。七日爲禮拜期，卽時憲書房星虛昴四宿値日也，一曰『安息日』，農工商賈，俱輟其業。」（註三五）

然而，大多數華人最喜歡光顧的地方，不外乎茶樓、賭場、烟館和妓館。在華人住宅內，茶樓林立。這些茶樓通常分爲三層，每層各有陽台，飲茶一面品茗，一面注視着來往的行人。（註三六）其情其景，猶如巴黎之咖啡座。

賭博之害處甚大，「一害於生計，二害於修學，三害於養生，四害於道德」。（註三七）盡管其害無窮，但一般華人却乃趨之若鶩。例如杜月笙年方十三之時，就將家中的破舊傢俱變賣或典押，以換得幾文錢上賭場。（註三八）

民國以前，上海的賭局大多由廣東人開設，虹口一帶是他們的根據地，大小不一，各式各樣的賭檔星羅棋佈。（註三九）虹口爲苦力和海員經常出入的地點，因此，自然而然地就出現各色各樣的賭場。但是在租界的其他地區，也一樣能找到。譬如在二十世紀初，法租界就有三家相當華麗奢侈的賭場。（註四〇）租界本來禁止賭場的存在，（註四一）可是租界警察的暗中保護，還是能使這種有害身心的消遣，繼續生存下去。法租界捕頭黃金榮，就是一位警察人員身兼大賭場的保鏢。

鴉片烟館在上海相當普遍，「境內烟館林立，比之米舖尤多。」（註四二）這些烟館經常有華人光顧。根據黃式權的敍述，在十九世紀末，公共租界和法租界總共約有上千的烟館。（註四三）十年後，烟館的數目也隨人口之成長而增加。（註四四）一九〇九年，在法租界，擁有十張床以下的小烟館有三百家，規模較大的烟館有二十五家。（註四五）假設公共租界的烟館數爲法租界的四倍，那麼兩個租界的烟館，至少有一千五百家。（註四六）

烟館林立的情形，使有識之士引以爲憂。光緒三十二年十一月六日，前年剛成立的上海「城廂內外總工程局」的地方士紳呈請上海道台勒令「城內外烟館，自出示日起，限六個月內閉歇改業，並照會值年領事商會英、法、美三租界各烟館一律立限禁盡。」（註四七）一九〇九年十二月三十一日，公共租界和法租界的所有烟館正式宣告停業。

一九一一年，烟館正式關閉後兩年，公共租界工部局曾言及，租界內的鴉片消耗量絲毫未減少。這並非意味着人們仍像以前抽得那麼多，而是說，除了那些在家裏消遙自在過足烟癮的華人之外，還有一些外人來租界補充貨色。因此鴉片的消耗量自然相當可觀。（註四八）

家境富裕的烟槍，通常在家中抽鴉片烟，而窮者則光顧小烟館，以兩百文的代價過一次烟癮。（註四九）一位每天辛辛苦苦賺個三百文工資的黃包車苦力，經常為滿足烟癮而花去三分之二的所得。

上海的妓館為數也非常可觀。在一八六四年（同治三年）公共租界納稅人大會席上，駐上海英國領事派克（Sir Harry Parkes ）提及，在公共租界和法租界總共有一萬戶華人，其中六百六十八戶為娼館，（註五〇）佔百分之零點六十八。以著名的「海寧世家」子弟身分來做上海知縣的陳其元，在他的庸閒齋筆記裏說：

「夷夏揉雜，人衆猥多，富商大賈及五方游手之人，羣聚雜處，娼寮妓館，趁風駢集，列屋而居，倚洋人為護符，吏不敢阿，官不得詰，日盛一日，幾於花天酒地矣。余攝縣事時，欲稍稍裁抑之，而勢有不能，嘗飭洋租地保密稽之，蓋有名數者，計千五百餘家，而花煙館及鹹水妹，淡水妹等等，尚不與焉。」（註五一）

照以上所說，租界自一八五三年（咸豐三年）華洋雜居以來，到一八七一年（同治十年）陳其元做上海縣令時，其間大約有二十年光景，單是娼妓，就有一千五百餘家，其他的尚不包括在內，其畸形之繁榮，無疑的已經具體化。如果以派克和陳其元的資料一對照，在短短七年期間，妓館之增加數幾達千家，平均約兩、三天就增加一家，其速度之快，恐怕「雨後春筍」亦不足以形容之。

在二十世紀初，妓館的數字更加驚人。根據工部局和公董局的報告，在租界內的華人女性人口中，妓女所佔比例高達百分之十二點五。（註五二）這就是爲何一位清廷的御史會說，上海的妓院，髒亂的聚積處，其密如「梳齒」。（註五三）

在妓女羣中，尙有不少來自外國。陳其元在前書中又述及：

「女閭之盛已甲於天下，乃自同治紀元後。外國妓女亦泛海而來，騷首弄姿，目挑心招，以分華娼纏頭之利，於是中外一家。遠近裙屐，冶游之士，均以夷場爲選勝之地，彼洋人之漁中國財者，亦可謂無所不至焉耳。」（註五四）

這些洋娼大部分來自美國舊金山，奧地利和羅馬尼亞。

上海租界境內，妓女戶之能日益興隆，乃因租界當局的庇護，海員的光顧和男女之人口數相差過份懸殊。

在公共租界和法租界，娼館的存在是合法的，通常還受到特別的保護。一九〇九年，「新聞報」報導着，某些華商在城北設立娛樂場所，營業時間通宵達旦，雇用女郎，從事賣淫勾當。這些場所皆持法租界公董局的許可證，其入口處有安南巡捕站崗。（註五五）除了外國行政當局的助紂爲虐之外，上海許許多多的海員和單身的居民也有助於此一行業的繁榮。

四、團體活動——基爾特

上海的洋人因興趣或特殊才能而組成各形各色的俱樂部。華人雖鮮有此一性質的活動，但仍有另一形態的團體組織，那就是基爾特（Guilds）。

這個生產城市的特點與其他消費城市略有差異，其經濟基礎早在清季就已奠定。中國似乎自古已有基爾特組織，不過，清末上海地方的基爾特則有如下的特點：一方面還保持着封建社會部落經濟的形式；另一方面，職業類別的劃分已經相當嚴密。原來自從上海開埠後，洋商的資本開始充斥着此一城市，其經營方法和中國舊式的工商業者廻然不同，當然這些地方經濟集團的組織也要與以前稍異。其名稱可分爲兩大類，一爲會館，一爲公所。前者屬於同鄉的集合，後者屬於同業的集合；同業未必同鄉，但同鄉却多半同業。（註五六）這些華人組織所用的名稱，有時也未必如此嚴格劃分，如寧波人在滬的同鄉組織，却稱爲四明公所。

公所這種同業組織較特殊化。它只集合商人或手工業者，而且惟有同一行業的人（如茶商、藥商、理髮師……）方能加入爲會員。會館吸收會員，則只問是否同鄉，而不關心職業的差別，因而其成員來自各種不同的行業，包括商人、工人、甚至於政府的大小官員。

在上海，存在着一些富商的同業組織，同時也有工人和苦力等下層社會階級的同業組織。在同業組

織中，最富有，也最具影響力的是金業，其次是絲業，金融業，洋貨製造業和茶業。（註五七）

同鄉會的組織通常是爲方便遠離家鄉，來到上海謀生的鄉親，並且在急難之時，提供有效的協助。這些組織設有臨時供膳宿的場所，以及設置詢問處和就業輔導處。遇有同鄉生病或死亡，而乏人照顧時，此一組織立刻義不容辭地協助其就醫或贈送棺木，並負責將棺木運回家鄉。（註五八）

上海的華人來自中國各個省區。每一省區皆有一個以上的同鄉會，例如：閩粤兩省人士就有七個同鄉會的組織。泉州和樟州同鄉會爲福建人之中最大的同鄉組織；惠州和潮州同鄉會則爲廣東人最大的同鄉組織。（註五九）

基爾特在上海的勢力相當大。光緒三十一年，上海成立「城廂內外總工程局」，此一類似租界的工部局和公董局的士紳組織，其組成份子，不但大半都是商界領袖，並且很多是當時會館公所的董事，如總工程局的辦事總董卽爲四明公所的董事。（註六〇）

清末上海地方自治，既有衆多的基爾特參加，並有兩個研究團體（地方自治研究會和地方公益研究會），也以商人爲中堅份子，這樣他們就造成了地方政治上的一種勢力。對內有商團的組織，係純粹由商人自己武裝起來，保衞自己的行動；對外則對於外人租界擴張企圖的竭力防止，也曾奏相當成效。（註六一）

基爾特的人多勢衆，（註六二）會員之間的團結一致，爲與租界當局發生衝突時，能佔優勢的主因。四明公所事件卽爲一例。

四明公所爲寧波幫人（註六三）於嘉慶二年在「二十五保四圖」的地址創建的，（註六四）「四明」，爲寧波的別名。上海四明公所，俗稱寧波會館，是居留上海的寧波人之同鄉會館，該公所不僅是一府所組織的會館之典型，其規模之宏大，勢力之旺盛，可說是上海各同鄉會館的翹楚。（註六五）

在法租界西南端，寧波人設一祠堂，暫時存放尚未運回家鄉的棺木。在一八七四年和一八九八年，法租界公董局以築路爲由，有意將之拆毀。然而，法租界之行政當局的決定，卻遭到四明公所的激烈抵抗。最後，公董局被迫只好讓步。（註六六）

五、結論

上海租界華人的社會生活與中國的其他地區大爲不同。諸如大家庭制度的褪色，小家庭制度的興起，賭場、烟館和妓館的大行其道，這些上海特有現象，大致上是來自與洋人的接觸。洋商的來臨，造成上海工、商業的日趨發達，種種社會的弊端將隨之產生。租界當局對華人的歧視與漠不關心，也間接影響到華人社會生活和道德的低落。一種畸型的與中國傳統相違背的社會生活就在這種情況下慢慢形成。

附註

註　一：請參閱第二章第四節。

註 二：請參閱第一章第一節人口。

註 三：Lang, O., Chinese Family and Society（Archon Books 1968）, P. 90.

註 四：Lang, O., La Vie en Chine（Hachette, Paris, 1950）, P. 144.

註 五：Lang, op. cit., P. 339-340.

註 六：Ibid.

註 七：Ibid., P. 337.

註 八：Ibid. , P. 88.

註 九：N. C. Herald, January 14, 1910.

註一〇：在我們所能接觸到的有關資料中，這是最高的月薪。

註一一：L Echo de Chine（Ed, hebdomadaire）, 3 September, 1909.

註一二：與中國籍職員比較，外國籍職員的薪水是相當高的。例如同是港口燈塔管理員，洋人的月薪約爲華人的十倍，而外國籍獸醫的月薪也在兩百至三百銀兩之間。

註一三：根據謝扶雅的說法，在一八七二年，一銀元就是以供一個五口之家一個月的生活費用（謝者，記百年前上海申報的發行及其時代，第二十五頁）。這眞令人無法相信。

註一四：盛宣懷，愚齋存稾，第一二八二頁。

註一五：汪敬虞，中國近代工業史資料，第一二五六——一二五七頁。

註一六：Blasco-Ibanez , Le voyage d'un romancier autour du monde（Flammarion, Paris, 1928）P . 155.

註一七：Bishop, Mrs. J., The Yangtze Valley and Beyond（Murray, London, 1899）, P. 18.

註一八：見註（十五）。

註一九：Hao Yen-P ing, The Comprador in Nineteenth Century China, Bridge between East and West （Harvard University Press, Cambridge, Mass, 1969）, P. 181.

註二〇：N. C. Herald, March 19, 1903.

註二一：公共租界的華人人口，一八九五年爲二四一、〇〇〇人，一九〇七年爲五一〇、〇〇〇人。

註二二：一九〇七年平均每棟房屋住十一個中國人。

註二三：上海通社，上海研究資料（中國出版社，台北，民國六十二年），第五五九頁。

註二四：L Echo de Chine （Ed, hebdomadaire）, 20, aout 1903.

註二五：上海檢疫風潮始末紀（東方雜誌，七卷十一期，一九一一），頁三四九。

註二六：Standard of Living of Shanghai Laborers, （Bureau of Social Affairs, The City Gouvernment of Greater Shanghai, 1934）P. 53.

註二七：N. C. Herald, May 5, 1810, 自從一九二五年五月的事件之後，工部局開始准許華人在公園裏散步。

註二八：Miller, G. E., Shanghai, the Paradise of Adventures, （Orsay, N. Y. 1339）, P. 20.

註二九：Kemp, E. G., The Face of China（Chatto & Windus, London, 1909）, P. 9.

註三〇：N.C. Herald, March 25, 1910.

註三一：在一八六九——七〇年度的市政報告中，肯林翰（Cunningham），曾說，如果華人獲准進入上海的公園，對於提岸（Bund）的地主和公衆將產生嚴重的災難和損失。

註三二：Hao, op. cit., P. 182-183.

註三三：一八八七年，公共租界有五家戲院，每家擁有座位九百——一千四百個，劉靜農在上海閒話（世界書局、台北、民國五十年，頁九十八）曾提反上海梨園，但在十里洋場；黃楙材在滬遊脞記則說夷場大小戲園共有三十餘所，其數較多。

註三四：N.C. Herald, February 9. 1887.

註三五：上海研究資料，頁五五九。

註三六：Weulersse, G., Chine, ancienne et nouvelle,（A. Colin, Paris, 1909）, P. 122.

註三七：孫夢蘭，禁賭私議（東方雜誌，第三卷第十一期），頁二一五——二一七。

註三八：章君穀，杜月笙傳㈠（傳記文學、台北）、頁三十四——三十五。

註三九：同右，頁四一。

註四〇：同右，頁一〇八。

註四一：公共租界的賭場於一八六五年元月十五日正式被禁止；法租界的賭場也於那年六月十二日受到同樣的處置。

註四二：上海市自治志㈠（成文出版社，上海），頁九十。

註四三：黃式權，淞南夢影錄（著易堂、上海），頁九十。

註四四：例如一九〇一年（光緒二十七年）的烟館有一、二九一間；一九〇三年（光緒二十九年）則增至一、五三一間。

註四五：L Echo de Chine（Ed. heldomadaire）22 auril 1909.

註四六：公共租界的華人人口數爲法租界的四倍；另外兩租界的烟館和車輛牌照的收入，也大致與人口數之比例同。（見 Chronicle and Directory, 1901）

註四七：上海市自治志㈠，頁一一七二。

註四八：L Echo de Chine（Ed· hedbomadaire）, 6 avril 1911.

註四九：黃式權，前引書，頁九十。

註五〇：Murphey, R., Shanghai, key to Modern China(Harvard University Press, Cambridge, 1953), P. 7.

註五一：上海研究資料，頁五五三——五五四。

註五二：王揖唐，上海租界問題（商務，上海，一九二六）卷三，頁十三。

註五三：N. C. Herald, September 22, 1883.

註五四：上海研究資料，頁五五四。

註五五：Archives diplomatiques, C. P. -Chine, vol, 276, P. 1.

註五六：上海通社，上海研究資料續集（中國出版社，台北，民國六十二年），頁一四三——一四四。

註五七：N. C. Herald, November 24, 1893.

註五八：Koung, S. M., Comment remédier à la situation tragique des travailleurs Chinois Imprimerie R. Bracke-Van Geert, Baesrode, 1927), P. 17.

註五九：王韜，瀛壖雜志（易著堂，上海），頁五十一。

註六〇：上海研究資料續集，頁一五三——一五四。

註六一：同右，頁一五四——一五七。

註六二：上海縣續志㈠（頁二五七）提到上海的寧波人時，曾謂：「甬人之旅滬者最衆，各業各幫大率有會，而皆總匯於公所云。」；在一八九八年，旅居上海的寧波人達八萬五千人以上。

註六三：寧波幫這句話，包括範圍頗廣，是指寧波府所管轄的鄞縣；鎮海縣、慈谿縣、奉化縣、象山縣、定海縣、石浦縣等七縣的商民。

註六四：上海研究資料續集，頁一四五。

註六五：同右，頁二八九。

註六六：在法國外交資料，黃皮書（documents diplomatiques ）第一百號和法國外交部檔案（ Archives diplomatiques françaises)第二六五卷，有關此一事件的資料相當豐富。

參考書目

中文書目

1. 陳　達　中國勞工問題，商務、上海、民國十八年。
2. 陳獨秀　獨秀文存，（第二卷），上海，民國十二年。
3. 鄧　拓　中國救荒史、商務、上海，民國二十六年。
4. 鄧中夏　中國職工運動簡史、上海，民國三十八年。
5. 丁　榕　上海公共租界之治外法權及會審公廨，東方雜誌，十二卷四期，民國四年。
6. 樊百川　中國手工業在外國資本主義侵入後的遭遇和命運，歷史研究，三期。
7. 劉靜農　上海閒話、世界、台北，一九六一年。
8. 甘作霖　論洋行買辦制之利害、東方雜誌、十六卷十一期，民國八年。
9. 葛元照　滬遊雜記、著易堂、上海。
10. 亨利高登　上海之外人教育事業，東方雜誌，十一卷三期，民國三年。
11. 何德明　中國勞工問題、商務、上海，民國二十六年。
12. 黃式權　淞南夢影錄、著易堂、上海。
13. 黃逸峯　關於舊中國買辦階級的研究，歷史研究、三期。
14. 賈植芳　近代中國經濟社會、上海。

15.梁嘉彬　廣東十三行考、文星、台北，民國三十九年。
16.梁啓超　晚清五十年來之中國（一八七二—一九二二）龍門、香港，民國五十七年。
17.劉錦藻　清朝續文獻通考，（第十二卷），台北，民國四十八年。
18.呂實强　中國官紳反教的原因，商務、台北，民國五十五年。
19.論中國習用幼年勞工之非計、東方雜誌、十一卷，四期，民國三年。
20.馬寅初　中國之買辦制、東方雜誌、二十卷、六期，民國十二年。
21.內政年鑑（第三集）、商務、上海，民國二十五年。
22.聶寶璋　從美商旗昌輪船公司的創辦與發展看買辦的作用，歷史研究、第二期，民國五十三年。
23.彭澤益　中國近代手工業史資料，民國四十八年。
24.沙為楷　中國之買辦制、商務、上海，民國十六年。
25.上海春秋、香港，民國五十七年。
26.上海工部局之浪費、東方雜誌、二四卷、十七期，民國十六年。
27.上海近代反帝反封建鬥爭故事，上海。
29.上海棚戶區的變遷，上海。
29.上海錢莊史料，上海。
30.盛宣懷、愚齋存稾、文海、台北，民國五十二年。

31. 孫夢蘭　禁賭私議、東方雜誌、三卷十一期，一九〇六。
32. 孫毓棠　中國近代工業史資料、北平。
33. 陶希聖　中國社會現象拾零、上海，民國二十一年。
34. 王揖唐　上海租界問題、商務、上海，民國十五年。
35. 汪敬虞　中國近代工業史資料、北平。
36. 汪敬虞　十九世紀外國在華銀行勢力的擴張及其對中國通商口岸金融市場的控制、歷史研究、五期，民國五十二年。
37. 汪敬虞　十九世紀外國侵華企業中的華商附股活動、歷史研究、四期，民國五十四年。
38. 王　韜　瀛壖雜志、著易堂、上海。
39. 王孝通　中國商業史、商務、上海、民國二十六年。
40. 王子建　王鎭中，七省華商紗廠調查報告、商務，上海，民國二十五年。
41. 吳承洛　今世中國實業通志、（第二册），商務、上海，民國十八年。
42. 五十年前之上海、東方雜誌、十一卷五期，民國三年。
43. 小横香室主人，清朝野史大觀（第五册），台北，民國四十八年。
44. 謝抉雅　記百年前上海申報的發行及其時代、傳記文學、二十二卷一期，民國六十二年。
45. 嚴中平　中國棉紡織史稿、北平。

46.楊端六　清代貨幣金融史稿，北平。
47.姚公鶴　上海報紙小史、東方雜誌、十四卷六期，民國六年。
48.姚公鶴　上海空前慘案之因果、東方雜誌，二十二卷十五期，民國十四年。
49.姚崧齡　影響我國維新的幾個外國人，傳記文學、台北，民國六十年。
50.張國輝　十九世紀後半期中國錢莊的買辦化，歷史研究、六期，民國五十二年。
51.章君穀　杜月笙傳、傳記文學、台北，民國五十六年。
52.鄭觀應　南遊日記、學生、台北，民國三十六年。
53.鄭觀應　盛世危言增訂新編、學生、台北，民國五十四年。
54.中山縣志初稿、學生、台北，民國三十六年。
55.資本集合論、東方雜誌、九卷二期，民國元年。
56.上海研究資料、中國、台北，民國六十二年。
57.上海研究資料續集、中國、台北，民國六十二年。
58.上海檢疫風潮始末記、東方雜誌、七卷十一期，一九一一。
59.上海市自治志（二）、成文。
60.上海縣續志（一）、成文。

西文書目

一、官方檔案和出版品

1 Archives diplomatiques françaises

a Correspondance consulaire et commerciale-Shanghai (1847-1901)

b Correspondance politque-Chine (1902-1911)

- Concession française de Shanghai 1863-1911.
- Ecoles françaises diverses 1896-1911.
- Finances privées (Sociétés françaises et étrangères) 1898-1906.
- Questions judiciaires 1907-1910.
- Missions catholiques françaises 1901-1911.

2 Documents diplomatiques (livres jaunes) -Chine (1867-1898)

二、期　刊

1 Cahiers Franco-chinois, décembre 1959, (France de Changhai)

2 The Chinese Recorder and Missionary Journal (1868-1893), Rozario, Marcal & Co. Foochow.

3. L Echo de Chine, Shanghai

a Edition hebdomadaire (1903-1911)

b Edition quotidienne (1898,1903,1906,1907).

4. The North China Herald (microfilm), Shanghai, (1850-1911)

5. T oung Pao, série II, vol. VII, 1906. (Henri Cordier, Les Douanes Impériales Maritimes chinoises)

三、資料彙編

1. Bergère, M-C Une crise financiere à Shanghai à la fin de l AncienRégime, Mouton & Co. Paris, 1964, 85 Pages.

2. Chronicle and Directory for China, Japan, Straits Settlements, Indo-China, Philippines (1901), Hongkong Daily Press, Hongkong. 1901, 1043 Pages.

3. Cordier, H., Les origines de deux établissements dans l Extreme-Orient: Changhai-Ningpo, Paris, 1896, 76 Pages.

4. Crow, C., Handbook for China, Carl Crow, Inc., Shanghai, 1925, 282 Pages.

5. Fin (La) du Régime des Concessions en Chine, Société à Editions Economiques et Sociales, Paris, 5 juillet 1943, 20 Pages.

6. Land Regulations and By-Laws for the Foreign Settlement of Shanghai North of Yang-King-Pang, (en chinois et en anglais), The Commercial Press, Shanghai, 1926, 95 Pages.

7. Madrolle, Changhai et la Vallée du Fleuve Bleu, Hachette, Paris, 1911, 131 Pages.

8. North China Desk Hong List (1903), N.C. Herald, Shanghai, 1903, 451 Pages.

9. Pillaut, J., Manuel de droit consulaire, Berger-Levrault, Paris, 1912, 399 Pages.

10. Woodhead, China Year Book (1912), 463 Pages.

四、遊記和文學作品

1. Bowra. C.M., Memories 1898-1939, Weidenfeld and Nicolson, London, 1966, 369 Pages.

2. Bouinais, De Hanoi à Pékin, notes sur la Chine, Berger-Levrauld, Pa-

ris, 1892, 376 Pages.

3. Blasco-Ibañez, V., Le voyage d'un romancier autour du monde (traduit de l espagnol Par R. Lafont), Flammarion, Paris, 1928, 392 Pages.

4. Blasco-Ibañez, V. Chine (traduit de l'espagnol Par R. Lafont), Flammarion, Paris, 1928, 128 Pages.

5. Champly, H., Le chemin de Changhai, Editions Jules Tallandier, Paris, 1923, 254 Pages.

6. Caubert, L., Souvenirs chinois, Librairie des Bibliophiles, Paris, 1891, 180 Pages.

7. Claparède, A., Quatre semaines sur le côte de Chine, notes d'un touriste, Imprimerie Charles Schuchardt, Genève, 1884, 100 Pages.

8. Dano, L., De Paris à Shanghai, Edition de Pensée Latine, Paris, 1927, 158 Pages.

9. David, l'Abbé Armand, Journal de mon troisième voyage d'exploration dans l Empire Chinois (Tome I), Hachette, Paris, 1875, 348 Pages.

10. Donnet, Gaston, En Chine 1900-1901, Société d'Editeurs Littéraires et

Artistiques, Paris, 1902, 380 Pages.

11. Farrère, C., Mes voyages: la Promenade de l'Extrême-Orient, Ernest Flammarion, Paris, 1924, 281 Pages.

12. Farrère, C., L'Europe en Asie, Flammarion, Paris, 1939, 105 Pages.

13. Fontenoy, J., Shanghai Secret (recit), Grasset, Paris, 1938, 237 Pages.

14. Fraser, Mrs. H., A Diplomatist's Wife in Many Lands (t. 2), Dodd, Mead & Co., New York, 1911, 324 Pages.

15. Fredet, J., Quand la Chine s'ouvrait..., Imprimerie de T'ou-se-we, Shanghai, 1943, 2 vol., 305 et 307 Pages.

16. Fromageot, H., Mémoire sur l'organisation et le role des associations ouvrières et marchandes en Chine, Imprimerie Nationale, Paris, 1897, 19 Pages.

17. Graves, Rev. R. H., Forty Years in China (or China in Transition), R.H. Woodward Co., Baltimore, 1895, 316 Pages.

18. Hérisson (Le Comte d'), Journal d'un interprète en Chine, Paul Olle-

ndorff, Paris, 1886. 442 Pages.

19. Knollys, H., English Life in China, Smith Elder & Co., London, 1885, 333 Pages.

20. Laboulaye, E., Image d une Chine défunte (souvenirs), La Maison du Livre Français, Paris 1953, 136 Pages.

21. Lane-Poole, S., Sir Harry Parkes i China, Cheng-wen Publishing Co., Taipei, 1968 (original edition Published by Methuen & Co., London, 1901), 2 vol., 512 et 447 Pages.

22. Lyster, T., With Gordon in China, T. Fisher Unwin, London, 1891, 296 Pages.

23. Maisondeau, N., 28. 740 miles, Herbert Clarke, Paris, 1907, 177 Pages.

24. Michie, A., The Englishman in China, Cheng-wen Publishing Co., Taipei, 1966, 2 vol., 422 et 510 Pages.

25. Mutrécy, C., Journal de la campagne de Chine (1859, 1860, 1861) T.I, Librairie Nouvelle, Paris, 1861, 387 Pages.

26. Prestreau, G., Lettres écrites de Chine, il y a cent ans Par un mi-

ssionnaire angevin: Henri Secher (1833-1865) - Extrait du Bulletin de l'Academie d'Angers. t.8, Année 1964, 12 Pages.

27. Raquez, A., Au Pays des Pagodes (note de voyage), Imprimerie de la Presse Orientale, Shanghai, 1900, 429 Pages.

28. Richard, T., Forty-five Years in China, T. Fisher Union Ltd., London, 1916, 384 Pages.

29. Segalen, V., Lettres de Chine, Plon, Paris, 1967, 278 Pages.

30. Soulié de Morant, G., L'épopée des Jésuites français en Chine, Grasset, Paris, 1928, 295 Pages.

31. Thompson, R.W., Griffith John, the story of fifty Years in China. The Religions Tract Society, London, 1906, 544 Pages.

32. Tissot, V., La Chine, d apres les voyageurs les Plus récents, Librairie Furne, Paris, 1885, 336 Pages.

33. Tournade, L., Quelques notes sur l'état et les Progrès de la Mission du Kiang-nan (Chine) en 1897, Imprimerie M-R. Leroy, Paris, 1897, 36 Pages.

34. Verbrugge, R., La belle route maritime de France en Chine (Marseille-Changhal), Editeur Albert Dewit, Bruxelles, 1926, 211 Pages.

五、論　著

1. Auxion de Ruffé, R., La Farce de l'opium, Editeur Berger-Levrault, Paris, 1939, 72 Pages.

2. Balazs, E. et Robequain, CH., Aspect de la Chine, t. 3, P.U.F., Paris, 1962, 201 Pages.

3. Barnett, R.W., Economic Shanghai: Hostage to Politics 1937-1941, International Secretariat Institut of Pacific Relations, New York, 1941, 207 Pages.

4. Bishop, Mrs. J.F. The Yangtze Valley and Beyond, John Murray, London, 1899, 557 Pages.

5. Chan, C.S., Les concessions en Chine, P.U.F., Faris, 1925, 150 Pages.

6. Chesneaux, J., L'Extreme-Orient de 1840 a 1914, Centre de Documentation Universitaire, Paris, 1964, 83 Pages.

7. Chesneaux, J., Les sociétés secrètes en Chine (19e et 20e Siècles),

Collection Archives Julliard, Paris 1965, 280 Pages.

8. Chesneaux, J. et Bastid, M., Histoire de la Chine, t.1, -des guerres de l'opium à la guerre franco-chinoise 1840-1885, Hatier Université, Paris, 1969, 224 Pages.

9. Cordier, H., Histoire des relations de la Chine avec les Puissances occidentales 1860-1900, t.1, Ancienne Librairie Germer Baillière et Cie,. Paris, 1901, 570 Pages.

10. Courtils, L., La Concession Française de Changhai, Librairie du Recueil Sirey, Paris, 1934, 230 Pages.

11. Dubarbier, G., La Chine du XXe Siecle, Payot, Paris, 1965, 224 Pages.

12. Dubarier, G., Histore de La Chine moderne, P.U.F., Paris, 1949, 127 Pages.

13. Durand-Fardel, Les établissements de bienfaisance indigènes et les institutions sanitaires étrangères en Chine, Germer-Bailliere, Paris 1882, 40 Pages.

14. Escarra, J., Droits et intérêts étrangers en Chine, Recueil Sirey Pa-

ris, 1928, 89 Pages.

15. Escarra, J., Le régime des concessions étrangères en Chine, Hachette, Paris, 1930, 140 Pages.

16. Fairbank, J. K., Trade and Diplomacy on the China Coast (The Opening of the Tresty Ports 1842-1854), Harvard University Press, Cambridge, Massachusettes, 1964, 489 Pages.

17. Fauvel, A-A., Shanghai - Extrait de la Revue des Questions Scientifiques, juillet 1909, Louvain, Imprimerie Fr. & Rob. Centerick, 1909, 33 Pages.

18. Fauvel, A-A., La société étrangère en Chine (Extrait de Samedi-Revue), Imprimerie de la Société de Typographie, Paris, 1889.

19. Fauvel, A-A., Histoire de la Concession française de Changhai - extrait du correspondant, L. de Soye et Fils Imprimeurs, Paris, 1899, 31 Pages.

20. Fistié, P., Le Reveil de l'Extreme-Orient, Les Presses Universelles, Avignon, 1934, Pages.

21. Foo, C.P., Etude historique et critique sur le régime douanier de la Chine, librairie Orientaliste, Paris, 1930 '156 Pages.

22. Galles, P. E., Shanghai au Point de vue medical, Adrien Delahye, Paris, 1875, 80 Pages.

23. Hao Yen-P'ing, The Comprador in Nineteenth Century China Bridge between East and west, Harvard University Press, Cambridge, Mass., 1969. 319 Pages.

24. Hauser, E., Blancs et Jaunes à Changhai (Traduit de l'anglais Par Maurice Beerblock), La Nouvelle Edition, Paris, 1905, 273 Pages.

25. Histoire sociale - sources et methodes, Colloque de l'Ecole Normale Supérieure de Saint-Cloud (15-16 mai 1965), P.U.F., Paris, 1987, 298 Pages.

26. Hou, H.C., Histoire douanière de la Chine de 1842 1911, Les Presses Modernes, Paris, 1929, 222 Pages.

27. Hsu, Shuhsi, Japan and Shanghai, Kelly & Walsh Lta., Shanghai, 1938, 830 Pages.

28. Hsu, C. Y., The Rise of Modern China, Oxford University press, New York et London, 1970, 830 Pages.

29. Johnstone, W. C., The Shanghai Problem, Stanford University, California, 1937, 326 Pages.

30. Kemp, E. G., The Face of China, Chatto & Windus, London, 1909, 270 Pages.

31. King, C., The Treaty Ports of China and Japan, a commerce guide to the open Ports of those countries, Trubner and Co., London, 1867.

32. Kotenev, A. M., Shanghai: Its mixed Court and Council, Ch'eng-wen Publishing Co., Taipei, 1968 (Original Edition Published by North China Daily News and Herald Limited, Shanghai, 1925), 603 Pages.

33. Koung, S. M., Comment remédier à la situation tragique des travailleurs chinois, Imprimerie R. Bracke-van Geert, Baesrode, 1927, 254 Pages.

34. Lai Kwok-Ko, Etudes sur le marche du Change de Shanghai et ses relations avec la balance des comptes en Chine, Bose Frère, M et L. Ri-

ou, Lyon, 1935, 195 Pages.

35. Lang, O., La vie en Chine (Traduction d'Áline Chalufour) Hachette, Paris, 1950, 287 Pages.

36. Lang, O., Chinese Family and Society, Archon Books, 1968, 395 Pages.

37. Lao, P.Y., La Chine Nouvelle, Le double dragon chinois-jaune ou rouge, J. Peyronnet et cie, Paris, 1927, 384 Pages.

38. Lavollee, C., La Chine contemporaine, Michel Levy Frères, Paris, 1860, 358 Pages.

39. Maybon, CH.B., et Fredet, J., Histoire de La Concession française de Changhai, Librairie Plon, Paris, 1929, 458 Pages.

40. Maybon, P.B., Essai sur les associstions an Chine, Plon, Paris, 1825, 208 Pages.

41. Me Aleavy, H., The Modern History of China, Weidenfeld and Nicolson, London, 1967, 420 Pages.

42. Mourville, R., La Chine du Yang-Tzé, Payot, Faris, 1946, 157 Pages.

43. Millac, M.A., Les Français a Changhai en 1853-1855 - Episode du siège

de Changhal Par les Imperiaux, Ernest Leroux, Paris, 1884.

44. Miller, G.E., Shanghai, the Paradise of Adventurers, orsay Publishing House Inc., New York, 1937, Pages.

45. Milliot, E., La France dans l'Extrême-Orient - La Concession française de Changhai (Extrait du bulletin de la Société Académique Indo-Chinoise, avril 1881), Challamel Aine Editeur, Paris, 24 Pages.

46. Montalto de Jesus, C.A., Historic Shanghai, The Shanghai Mercury limited, Shanghai, 1909, 257 Pages.

47. Morse, H.E., The Gilds of China, Longmans, Green and Co., London, 1909, 92 Pages.

48. Mousinier, R., Sa Plume, la faucille et le marteau, P.U F. Paris, 1970, 404 Pages.

49. Murphey, R., Shanghai, key to Modern China, Harvard University Press, Cambridge, 1953, 232 Pages.

50. Pal, J., Shanghai Saga, Jarrolds, London, 1963, 232 Pages.

51. Pelissier, R., La Chine entre en scene, Rene Julliard, Paris, 1963, 413

Pages.

52. Pott, F. L. H., A Short History of Shanghai, Kelly & Walsh limited, Shanghai, 1927, 336 Pages.

53. Rasmussen, A. H., China Trader, Constable, London, 1954, 338 Pages.

54. Raynal, J. et Lieou, Y., Sur l'Epidémie de Cholera de Changhai en 1934 (Concession francaise) - Extrait du Bulletin de la Société de Pathologie Exotique, t. 31, Séance du 9 mars 1938, No 3, Masson, Paris, 1938, 59 Pages.

55. Renouvin, P., La Question d'Extrême-Orient 1840-1940, Hachette, Paris, 1946, 439 Pages.

56. Rottach, E., La Chine Moderne, Pierre Roger, Paris, date? 270 Pages.

57. Smith, D. W., European Settlements in the Far East, Sampson Low, Marston & Co., London, 1900, 331 Pages.

58. Standard of Living of Shanghai Laborers, Bureau of Social Affairs, The City Gouvernnent of Greater Shanghai, 1934, 183 Pages.

59. Tchang, T. T., Les titres de location perpétuelle sur les Concessions de

Changhai, Recueil Sirey, Paris, 1940, 178 Pages.

60. Ts'ien Siang-suen, Le port de Changhai - étude économique, Bosc-Frères, M&L Riou, Lyon, 1934.

61. Tung, W., China and the Foreign powers: The Impact of and reaction to unequal Treaties, Oceana Publications, Inc., Dobbs Ferry, New York, 1970, 526 pages.

62. Vincent, Dr. E., L'influence française en Chine et les entreprises allemandes, A. Rey Imprimerie de l'Académie, Lyon, 1914, 43 pages.

63. Viollis, A., Changhai et le destin de la Chine, R.-A. Correa, Paris, 1933, 258 pages.

64. Wang, A., La Chine et le problème de l'opium, Podone, Paris, 1933.

65. Wei, T.S., La politique missionnaire de la France en Chine (1842—1856), Nouvelles Editions Latines, Paris, 1960, 655 pages.

66. Weulersse, G., Chine, ancienne et nouvelle, A., Colin, Paris, 1909, 366 pages.

67. Wright, M.C., China in Revolution: The First Phase 1900-1913, New Haven and London, Yale University Press, 1968.

68. Wu, W. T., The Chinese Opium Question in British Opinion and Action, The Academy Press, N. Y., 1928, 192 pages.
69. Yang, M. C., Chinese Social Structure-A Historical Study, Eurasia Book Co., Taipei, 1969.